PREFACIO

La colección de guías de conversación para viajar "Todo irá bien" publicada por T&P Books está diseñada para personas que viajan al extranjero para turismo y negocios. Las guías contienen lo más importante - los elementos esenciales para una comunicación básica.Éste es un conjunto de frases imprescindibles para "sobrevivir" mientras está en el extranjero.

Esta guía de conversación le ayudará en la mayoría de los casos donde usted necesite pedir algo, conseguir direcciones, saber cuánto cuesta algo, etc. Puede también resolver situaciones difíciles de la comunicación donde los gestos no pueden ayudar.

Este libro contiene una gran cantidad de frases que han sido agrupadas según los temas más relevantes. Esta edición también incluye un pequeño vocabulario que contiene alrededor de 3.000 de las palabras más frecuentemente usadas.Otra sección de la guía proporciona un glosario gastronómico que le puede ayudar a pedir los alimentos en un restaurante o a comprar comestibles en la tienda.

Llévese la guía de conversación "Todo irá bien" en el camino y tendrá una insustituible compañera de viaje que le ayudará a salir de cualquier situación y le enseñará a no temer hablar con extranjeros.

TABLA DE CONTENIDOS

T&P Books Publishing

Colección de guías de conversación
"¡Todo irá bien!"

T&P Books Publishing

GUÍA DE CONVERSACIÓN
— FINLANDÉS —

Andrey Taranov

LAS PALABRAS Y LAS FRASES MÁS ÚTILES

Esta Guía de Conversación
contiene las frases y las
preguntas más comunes
necesitadas para una
comunicación básica
con extranjeros

T&P BOOKS

Guía de conversación + diccionario de 3000 palabras

Guía de conversación Español-Finlandés y vocabulario temático de 3000 palabras

por Andrey Taranov

La colección de guías de conversación para viajar "Todo irá bien" publicada por T&P Books está diseñada para personas que viajan al extranjero para turismo y negocios. Las guías contienen lo más importante - los elementos esenciales para una comunicación básica. Éste es un conjunto de frases imprescindibles para "sobrevivir" mientras está en el extranjero.

Este libro también incluye un pequeño vocabulario temático que contiene alrededor de 3.000 de las palabras más frecuentemente usadas. Otra sección de la guía proporciona un glosario gastronómico que le puede ayudar a pedir los alimentos en un restaurante o a comprar comestibles en la tienda.

T&P Books Publishing
www.tpbooks.com

ISBN: 978-1-78492-661-8

Este libro está disponible en formato electrónico o de E-Book también.
Visite www.tpbooks.com o las librerías electrónicas más destacadas en la Red.

PRONUNCIACIÓN

T&P alfabeto fonético	Ejemplo finlandés	Ejemplo español
[·]	juomalasi [juoma·lasi]	punto medio
[:]	aalto [a:lto]	vocal larga

Las vocales

[ɑ]	hakata [hɑkɑtɑ]	radio
[e]	ensi [ensi]	verano
[i]	musiikki [musi:kki]	ilegal
[o]	filosofi [filosofi]	bordado
[u]	peruna [perunɑ]	mundo
[ø]	keittiö [kejttiø]	alemán - Hölle
[æ]	määrä [mæ:ræ]	vencer
[y]	Bryssel [bryssel]	pluma

Las consonantes

[b]	banaani [bɑnɑ:ni]	en barco
[d]	odottaa [odottɑ:]	desierto
[dʒ]	Kambodža [kɑmbodʒɑ]	jazz
[f]	farkut [fɑrkut]	golf
[g]	jooga [jo:gɑ]	jugada
[j]	suojatie [suojɑtæ]	asiento
[h]	ohra [ohrɑ]	registro
[ɦ]	jauhot [jɑuɦot]	mejicano
[k]	nokkia [nokkiɑ]	charco
[l]	leveä [leʋeæ]	lira
[m]	moottori [mo:ttori]	nombre
[n]	nainen [nɑjnen]	número
[ŋ]	ankkuri [ɑŋkkuri]	manga
[p]	pelko [pelko]	precio
[r]	raketti [rɑketti]	era, alfombra
[s]	sarastus [sɑrɑstus]	salva
[t]	tattari [tɑttɑri]	torre
[ʋ]	luvata [luʋɑtɑ]	cerveza
[ʃ]	šakki [ʃɑkki]	shopping

5

T&P alfabeto fonético	Ejemplo finlandés	Ejemplo español
[ʧ]	**Chile** [ʧile]	mapache
[z]	**kazakki** [kɑzɑkki]	desde

LISTA DE ABREVIATURAS

Abreviatura en español

adj	-	adjetivo
adv	-	adverbio
anim.	-	animado
conj	-	conjunción
etc.	-	etcétera
f	-	sustantivo femenino
f pl	-	femenino plural
fam.	-	uso familiar
fem.	-	femenino
form.	-	uso formal
inanim.	-	inanimado
innum.	-	innumerable
m	-	sustantivo masculino
m pl	-	masculino plural
m, f	-	masculino, femenino
masc.	-	masculino
mat	-	matemáticas
mil.	-	militar
num.	-	numerable
p.ej.	-	por ejemplo
pl	-	plural
pron	-	pronombre
sg	-	singular
v aux	-	verbo auxiliar
vi	-	verbo intransitivo
vi, vt	-	verbo intransitivo, verbo transitivo
vr	-	verbo reflexivo
vt	-	verbo transitivo

T&P BOOKS

GUÍA DE CONVERSACIÓN FINLANDÉS

Esta sección contiene frases
importantes que pueden
resultar útiles en varias
situaciones de la vida real.
La Guía le ayudará a pedir
direcciones, aclaración
sobre precio, comprar billetes,
y pedir alimentos en un
restaurante

T&P Books Publishing

CONTENIDO DE LA GUÍA DE CONVERSACIÓN

T&P Books Publishing

Lo más imprescindible

Perdone, ...	**Anteeksi, ...** [ɑnteːksi, ...]
Hola.	**Hei.** [hej]
Gracias.	**Kiitos.** [kiːtos]

Sí.	**Kyllä.** [kyllæ]
No.	**Ei.** [ej]
No lo sé.	**En tiedä.** [en tiedæ]
¿Dónde? | ¿A dónde? | ¿Cuándo?	**Missä? | Minne? | Milloin?** [missæ? | minne? | millojn?]

Necesito ...	**Tarvitsen ...** [tɑrʋitsen ...]
Quiero ...	**Haluan ...** [hɑluɑn ...]
¿Tiene ...?	**Onko sinulla ...?** [oŋko sinullɑ ...?]
¿Hay ... por aquí?	**Onko täällä ...?** [oŋko tæːllæ ...?]
¿Puedo ...?	**Voinko ...?** [ʋojŋko ...?]
..., por favor? (petición educada)	**..., kiitos** [..., kiːtos]

Busco ...	**Etsin ...** [etsin ...]
el servicio	**WC** [ʋese]
un cajero automático	**pankkiautomaatti** [pɑŋkki·ɑutomaːtti]
una farmacia	**apteekki** [ɑpteːkki]
el hospital	**sairaala** [sɑjraːlɑ]

la comisaría	**poliisiasema** [poliːsi·ɑsemɑ]
el metro	**metro** [metro]

un taxi	**taksi** [taksi]
la estación de tren	**rautatieasema** [rautatie·asema]

Me llamo …	**Nimeni on …** [nimeni on …]
¿Cómo se llama?	**Mikä sinun nimesi on?** [mikæ sinun nimesi on?]
¿Puede ayudarme, por favor?	**Voisitko auttaa minua?** [ʋojsitko autta: minua?]
Tengo un problema.	**Minulla on ongelma.** [minulla on oŋelma]
Me encuentro mal.	**En voi hyvin.** [en ʋoj hyʋin]
¡Llame a una ambulancia!	**Soita ambulanssi!** [sojta ambulanssi!]
¿Puedo llamar, por favor?	**Voisinko soittaa?** [ʋojsiŋko sojtta:?]

Lo siento.	**Olen pahoillani.** [olen paĥojllani]
De nada.	**Ole hyvä.** [ole hyʋæ]

Yo	**minä | mä** [minæ | mæ]
tú	**sinä | sä** [sinæ | sæ]
él	**hän | se** [hæn | se]
ella	**hän | se** [hæn | se]
ellos	**he | ne** [he | ne]
ellas	**he | ne** [he | ne]
nosotros /nosotras/	**me** [me]
ustedes, vosotros	**te** [te]
usted	**sinä** [sinæ]

ENTRADA	**SISÄÄN** [sisæ:n]
SALIDA	**ULOS** [ulos]
FUERA DE SERVICIO	**EPÄKUNNOSSA** [epækunnossa]
CERRADO	**SULJETTU** [suljettu]

ABIERTO	**AVOIN** [ɑʋojn]
PARA SEÑORAS	**NAISILLE** [nɑjsille]
PARA CABALLEROS	**MIEHILLE** [mieɦille]

Preguntas

¿Dónde?	**Missä?** [missæ?]
¿A dónde?	**Mihin?** [miɦin?]
¿De dónde?	**Mistä?** [mistæ?]
¿Por qué?	**Miksi?** [miksi?]
¿Con que razón?	**Mistä syystä?** [mistæ sy:stæ?]
¿Cuándo?	**Milloin?** [millojn?]

¿Cuánto tiempo?	**Kuinka kauan?** [kujŋka kauɑn?]
¿A qué hora?	**Mihin aikaan?** [miɦin ajkɑ:n?]
¿Cuánto?	**Kuinka paljon?** [kujŋka pɑljon?]
¿Tiene ...?	**Onko sinulla ...?** [oŋko sinulla ...?]
¿Dónde está ...?	**Missä on ...?** [missæ on ...?]

¿Qué hora es?	**Paljonko kello on?** [pɑljoŋko kello on?]
¿Puedo llamar, por favor?	**Voisinko soittaa?** [ʋojsiŋko sojttɑ:?]
¿Quién es?	**Kuka siellä?** [kukɑ siellæ?]
¿Se puede fumar aquí?	**Saako täällä polttaa?** [sɑ:ko tæ:llæ polttɑ:?]
¿Puedo ...?	**Saanko ...?** [sɑ:ŋko ...?]

Necesidades

Quisiera …	**Haluaisin …** [haluajsin …]
No quiero …	**En halua …** [en halua …]
Tengo sed.	**Minulla on jano.** [minulla on jano]
Tengo sueño.	**Haluan nukkua.** [haluan nukkua]

Quiero …	**Haluan …** [haluan …]
lavarme	**peseytyä** [peseytyæ]
cepillarme los dientes	**harjata hampaani** [harjata hampa:ni]
descansar un momento	**levätä vähän** [leʋætæ ʋæɦæn]
cambiarme de ropa	**vaihtaa vaatteet** [ʋajhta: ʋa:tte:t]

volver al hotel	**palata takaisin hotelliin** [palata takajsin hotelli:n]
comprar …	**ostaa …** [osta: …]
ir a …	**mennä …** [mennæ …]
visitar …	**käydä …** [kæydæ …]
quedar con …	**tavata …** [taʋata …]
hacer una llamada	**soittaa …** [sojtta: …]

Estoy cansado /cansada/.	**Olen väsynyt.** [olen ʋæsynyt]
Estamos cansados /cansadas/.	**Olemme väsyneitä.** [olemme ʋæsynejtæ]
Tengo frío.	**Minulla on kylmä.** [minulla on kylmæ]
Tengo calor.	**Minulla on kuuma.** [minulla on ku:ma]
Estoy bien.	**Voin hyvin.** [ʋojn hyʋin]

Tengo que hacer una llamada.

Necesito ir al servicio.

Me tengo que ir.

Me tengo que ir ahora.

Minun täytyy soittaa yksi puhelu.
[minun tæyty: sojttɑ: yksi puɦelu]

Minun täytyy mennä vessaan.
[minun tæyty: mennæ ʋessɑ:n]

Minun täytyy lähteä.
[minun tæyty: læhteæ]

Minun täytyy lähteä nyt.
[minun tæyty: læhteæ nyt]

Preguntar por direcciones

Perdone, ...	**Anteeksi, ...** [ante:ksi, ...]
¿Dónde está ...?	**Missä on ...?** [missæ on ...?]
¿Por dónde está ...?	**Miten pääsen ...?** [miten pæ:sen ...?]
¿Puede ayudarme, por favor?	**Voisitko auttaa minua?** [ʋojsitko autta: minua?]

Busco ...	**Etsin ...** [etsin ...]
Busco la salida.	**Etsin uloskäyntiä.** [etsin uloskæyntiæ]
Voy a ...	**Menen ...** [menen ...]
¿Voy bien por aquí para ...?	**Onko tämä oikea tie ...?** [oŋko tæmæ ojkea tie ...?]

¿Está lejos?	**Onko se kaukana?** [oŋko se kaukana?]
¿Puedo llegar a pie?	**Voiko sinne kävellä?** [ʋojko sinne kæʋellæ?]
¿Puede mostrarme en el mapa?	**Voitko näyttää minulle kartalta?** [ʋojtko næyttæ: minulle kartalta?]
Por favor muestreme dónde estamos.	**Voitko näyttää, missä me olemme nyt.** [ʋojtko næyttæ:, missæ me olemme nyt]

Aquí	**Täällä** [tæ:llæ]
Allí	**Siellä** [siellæ]
Por aquí	**Tännepäin.** [tænnepæjn]

Gire a la derecha.	**Käänny oikealle.** [kæ:nny ojkealle]
Gire a la izquierda.	**Käänny vasemmalle.** [kæ:nny ʋasemmalle]
la primera (segunda, tercera) calle	**ensimmäinen (toinen, kolmas) käännös** [ensimmæjnen (tojnen, kolmas) kæ:nnøs]
a la derecha	**oikealle** [ojkealle]

a la izquierda

vasemmalle
[vɑsemmɑlle]

Siga recto.

Mene suoraan eteenpäin.
[mene suorɑ:n ete:npæjn]

Carteles

¡BIENVENIDO!	**TERVETULOA!** [tervetuloa!]
ENTRADA	**SISÄÄN** [sisæ:n]
SALIDA	**ULOS** [ulos]

EMPUJAR	**TYÖNNÄ** [tyønnæ]
TIRAR	**VEDÄ** [vedæ]
ABIERTO	**AVOIN** [avojn]
CERRADO	**SULJETTU** [suljettu]

PARA SEÑORAS	**NAISILLE** [najsille]
PARA CABALLEROS	**MIEHILLE** [miehille]
CABALLEROS	**MIEHET** [miehet]
SEÑORAS	**NAISET** [najset]

REBAJAS	**MYYNTI** [my:nti]
VENTA	**ALE** [ale]
GRATIS	**ILMAINEN** [ilmajnen]
¡NUEVO!	**UUTUUS!** [u:tu:s!]
ATENCIÓN	**HUOMIO!** [huomio!]

COMPLETO	**TÄYNNÄ** [tæynnæ]
RESERVADO	**VARATTU** [varattu]
ADMINISTRACIÓN	**HALLINTOHENKILÖSTÖ** [hallinto·heŋkiløstø]
SÓLO PERSONAL AUTORIZADO	**VAIN HENKILÖKUNNALLE** [vajn heŋkilø·kunnalle]

CUIDADO CON EL PERRO	**VARO KOIRAA!** [ʋɑro kojrɑ:!]
NO FUMAR	**TUPAKOINTI KIELLETTY!** [tupɑkojnti kielletty!]
NO TOCAR	**ÄLÄ KOSKE!** [ælæ koske!]
PELIGROSO	**VAARALLINEN** [ʋɑ:rɑllinen]
PELIGRO	**VAARA** [ʋɑ:rɑ]
ALTA TENSIÓN	**KORKEAJÄNNITE** [korkeɑ·jænnite]
PROHIBIDO BAÑARSE	**UIMINEN KIELLETTY!** [ujminen kielletty!]
FUERA DE SERVICIO	**EPÄKUNNOSSA** [epækunnossɑ]
INFLAMABLE	**HELPOSTI SYTTYVÄ** [helposti syttyʋæ]
PROHIBIDO	**KIELLETTY** [kielletty]
PROHIBIDO EL PASO	**LÄPIKULKU KIELLETTY** [læpikulku kielletty]
RECIÉN PINTADO	**VASTAMAALATTU** [ʋɑstɑmɑ:lɑttu]
CERRADO POR RENOVACIÓN	**SULJETTU REMONTIN VUOKSI** [suljettu remontin ʋuoksi]
EN OBRAS	**TIETYÖ** [tietyø]
DESVÍO	**KIERTOTIE** [kiertotie]

Transporte. Frases generales

el avión	**lentokone** [lentokone]
el tren	**juna** [juna]
el bus	**bussi** [bussi]
el ferry	**lautta** [lautta]
el taxi	**taksi** [taksi]
el coche	**auto** [auto]

el horario	**aikataulu** [ajkataulu]
¿Dónde puedo ver el horario?	**Missä voisin nähdä aikataulun?** [missæ ʋojsin næhdæ ajkataulun?]
días laborables	**arkipäivät** [arkipæjʋæt]
fines de semana	**viikonloppu** [ʋiːkon·loppu]
días festivos	**pyhäpäivät** [pyhæpæjʋæt]

SALIDA	**LÄHTEVÄT** [læhteʋæt]
LLEGADA	**SAAPUVAT** [saːpuʋat]
RETRASADO	**MYÖHÄSSÄ** [myøhæssæ]
CANCELADO	**PERUUTETTU** [peruːtettu]

siguiente (tren, etc.)	**seuraava** [seuraːʋa]
primero	**ensimmäinen** [ensimmæjnen]
último	**viimeinen** [ʋiːmejnen]

¿Cuándo pasa el siguiente …?	**Milloin on seuraava …?** [millojn on seuraːʋa …?]
¿Cuándo pasa el primer …?	**Milloin on ensimmäinen …?** [millojn on ensimmæjnen …?]

¿Cuándo pasa el último ...?

el trasbordo (cambio de trenes, etc.)

hacer un trasbordo

¿Tengo que hacer un trasbordo?

Milloin on viimeinen ...?
[millojn on ʋi:mejnen ...?]

vaihto
[ʋɑjhto]

vaihtaa
[ʋɑjhtɑ:]

Täytyykö minun tehdä vaihto?
[tæyty:kø minun tehdæ ʋɑjhto?]

Comprar billetes

¿Dónde puedo comprar un billete?	**Mistä voin ostaa lippuja?** [mistæ ʋojn osta: lippujɑ?]
el billete	**lippu** [lippu]
comprar un billete	**ostaa lippu** [osta: lippu]
precio del billete	**lipun hinta** [lipun hintɑ]

¿Para dónde?	**Mihin?** [miĥin?]
¿A qué estación?	**Mille asemalle?** [mille ɑsemɑlle?]
Necesito ...	**Tarvitsen ...** [tɑrʋitsen ...]
un billete	**yhden lipun** [yhden lipun]
dos billetes	**kaksi lippua** [kɑksi lippuɑ]
tres billetes	**kolme lippua** [kolme lippuɑ]

sólo ida	**menolippu** [menolippu]
ida y vuelta	**menopaluu** [menopɑlu:]
en primera (primera clase)	**ensimmäinen luokka** [ensimmæjnen luokkɑ]
en segunda (segunda clase)	**toinen luokka** [tojnen luokkɑ]

hoy	**tänään** [tænæ:n]
mañana	**huomenna** [huomennɑ]
pasado mañana	**ylihuomenna** [yliĥuomennɑ]
por la mañana	**aamulla** [ɑ:mullɑ]
por la tarde	**iltapäivällä** [iltɑ·pæjʋællæ]
por la noche	**illalla** [illɑllɑ]

asiento de pasillo

käytäväpaikka
[kæytæʋæpɑjkkɑ]

asiento de ventanilla

ikkunapaikka
[ikkunɑpɑjkkɑ]

¿Cuánto cuesta?

Kuinka paljon?
[kujŋkɑ pɑljon?]

¿Puedo pagar con tarjeta?

Voinko maksaa luottokortilla?
[ʋojŋko mɑksɑ: luottokortillɑ?]

Autobús

el autobús	**bussi** [bussi]
el autobús interurbano	**linja-auto** [linja·auto]
la parada de autobús	**bussipysäkki** [bussi·pysækki]
¿Dónde está la parada de autobuses más cercana?	**Missä on lähin bussipysäkki?** [missæ on læhin bussi·pysækki?]
número	**numero** [numero]
¿Qué autobús tengo que tomar para ...?	**Millä bussilla pääsen ...?** [millæ bussilla pæ:sen ...?]
¿Este autobús va a ...?	**Meneekö tämä bussi ...?** [mene:kø tæmæ bussi ...?]
¿Cada cuanto pasa el autobús?	**Kuinka usein bussit kulkevat?** [kujŋka usejn bussit kulkeuat?]
cada 15 minutos	**viidentoista minuutin välein** [ʋi:den·tojsta minu:tin wælejn]
cada media hora	**puolen tunnin välein** [puolen tunnin ʋælejn]
cada hora	**joka tunti** [joka tunti]
varias veces al día	**useita kertoja päivässä** [usejta kertoja pæjʋæssæ]
... veces al día	**... kertaa päivässä** [... kerta: pæjʋæssæ]
el horario	**aikataulu** [ajkataulu]
¿Dónde puedo ver el horario?	**Missä voisin nähdä aikataulun?** [missæ ʋojsin næhdæ ajkataulun?]
¿Cuándo pasa el siguiente autobús?	**Milloin seuraava bussi menee?** [millojn seura:ʋa bussi mene:?]
¿Cuándo pasa el primer autobús?	**Milloin ensimmäinen bussi menee?** [millojn ensimmæjnen bussi mene:?]
¿Cuándo pasa el último autobús?	**Milloin viimeinen bussi menee?** [millojn ʋi:mejnen bussi mene:?]
la parada	**pysäkki** [pysækki]
la siguiente parada	**seuraava pysäkki** [seura:ʋa pysækki]

la última parada

päätepysäkki
[pæːte·pysækki]

Pare aquí, por favor.

Pysähdy tähän, kiitos.
[pysæhdy tæɦæn, kiːtos]

Perdone, esta es mi parada.

Anteeksi, jään pois tässä.
[ɑnteːksi, jæːn pojs tæssæ]

Tren

el tren	**juna** [juna]
el tren de cercanías	**lähijuna** [læɦijuna]
el tren de larga distancia	**kaukojuna** [kaukojuna]
la estación de tren	**rautatieasema** [rautatie·asema]
Perdone, ¿dónde está la salida al anden?	**Anteeksi, mistä pääsen laiturille?** [ante:ksi, mistæ pæ:sen lajturille?]

¿Este tren va a ...?	**Meneekö tämä juna ...?** [mene:kø tæmæ juna ...?]
el siguiente tren	**seuraava juna** [seura:ʋa juna]
¿Cuándo pasa el siguiente tren?	**Milloin seuraava juna lähtee?** [millojn seura:ʋa juna llæhte:?]
¿Dónde puedo ver el horario?	**Missä voisin nähdä aikataulun?** [missæ ʋojsin næhdæ ajkataulun?]
¿De qué andén?	**Miltä laiturilta?** [miltæ lajturilta?]
¿Cuándo llega el tren a ...?	**Milloin juna saapuu ...?** [millojn juna sa:pu: ...?]

Ayudeme, por favor.	**Auttaisitko minua, kiitos.** [auttajsitko minua, ki:tos]
Busco mi asiento.	**Etsin paikkaani.** [etsin pajkka:ni]
Buscamos nuestros asientos.	**Etsimme paikkojamme.** [etsimme pajkkojamme]
Mi asiento está ocupado.	**Paikkani on varattu.** [pajkkani on ʋarattu]
Nuestros asientos están ocupados.	**Paikkamme ovat varattuja.** [pajkkamme oʋat ʋarattuja]

Perdone, pero ese es mi asiento.	**Olen pahoillani, mutta tämä on minun paikkani.** [olen paɦojllani, mutta tæmæ on minun pajkkani]
¿Está libre?	**Onko tämä paikka varattu?** [oŋko tæmæ pajkka ʋarattu?]
¿Puedo sentarme aquí?	**Voinko istua tähän?** [ʋojŋko istua tæɦæn?]

En el tren. Diálogo (Sin billete)

Su billete, por favor.	**Lippunne, kiitos.** [lippunne, ki:tos]
No tengo billete.	**Minulla ei ole lippua.** [minulla ej ole lippua]
He perdido mi billete.	**Kadotin lippuni.** [kadotin lippuni]
He olvidado mi billete en casa.	**Unohdin lippuni kotiin.** [unohdin lippuni koti:n]
Le puedo vender un billete.	**Voit ostaa lipun minulta.** [vojt osta: lipun minulta]
También deberá pagar una multa.	**Sinun täytyy maksaa myös sakko.** [sinun tæyty: maksa: myøs sakko]
Vale.	**Hyvä on.** [hyvæ on]
¿A dónde va usted?	**Minne olet menossa?** [minne olet menossa?]
Voy a ...	**Menen ...** [menen ...]
¿Cuánto es? No lo entiendo.	**Kuinka paljon? En ymmärrä.** [kujŋka paljon? en ymmærræ]
Escríbalo, por favor.	**Voisitko kirjoittaa sen.** [vojsitko kirjoitta: sen]
Vale. ¿Puedo pagar con tarjeta?	**Hyvä on.** **Voinko maksaa luottokortilla?** [hyvæ on. vojŋko maksa: luottokortilla?]
Sí, puede.	**Kyllä voit.** [kyllæ vojt]
Aquí está su recibo.	**Tässä on kuittinne.** [tæssæ on kujttinne]
Disculpe por la multa.	**Olen pahoillani sakosta.** [olen paĥojllani sakosta]
No pasa nada. Fue culpa mía.	**Ei hätää. Se oli minun vikani.** [ej hætæ:. se oli minun vikani]
Disfrute su viaje.	**Mukavaa matkaa.** [mukava: matka:]

Taxi

taxi	**taksi** [tɑksi]
taxista	**taksinkuljettaja** [tɑksiŋ·kuljettɑjɑ]
coger un taxi	**ottaa taksi** [ottɑ: tɑksi]
parada de taxis	**taksipysäkki** [tɑksi·pysækki]
¿Dónde puedo coger un taxi?	**Mistä voin saada taksin?** [mistæ ʋojn sɑ:dɑ tɑksin?]
llamar a un taxi	**soittaa taksi** [sojttɑ: tɑksi]
Necesito un taxi.	**Tarvitsen taksin.** [tɑrʋitsen tɑksin]
Ahora mismo.	**Juuri nyt.** [ju:ri nyt]
¿Cuál es su dirección?	**Mikä on osoitteesi?** [mikæ on osojtte:si?]
Mi dirección es ...	**Osoitteeni on ...** [osojtte:ni on ...]
¿Cuál es el destino?	**Mihin olet menossa?** [mihin olet menossɑ?]

Perdone, ...	**Anteeksi, ...** [ɑnte:ksi, ...]
¿Está libre?	**Oletko vapaa?** [oletko ʋɑpɑ:?]
¿Cuánto cuesta ir a ...?	**Kuinka paljon maksaa mennä ...?** [kujŋkɑ pɑljon mɑksɑ: mennæ ...?]
¿Sabe usted dónde está?	**Tiedätkö, missä se on?** [tiedætkø, missæ se on?]

Al aeropuerto, por favor.	**Lentokentälle, kiitos.** [lentokentælle, ki:tos]
Pare aquí, por favor.	**Pysähdy tähän, kiitos.** [pysæhdy tæhæn, ki:tos]
No es aquí.	**Se ei ole täällä.** [se ej ole tæ:llæ]
La dirección no es correcta.	**Tämä on väärä osoite.** [tæmæ on ʋæ:ræ osojte]
Gire a la izquierda.	**Käänny vasemmalle.** [kæ:nny ʋɑsemmɑlle]
Gire a la derecha.	**Käänny oikealle.** [kæ:nny ojkeɑlle]

¿Cuánto le debo?	**Kuinka paljon olen velkaa?** [kujŋka paljon olen velka:?]
¿Me da un recibo, por favor?	**Voisinko saada kuitin.** [ʋojsiŋko sa:da kujtin]
Quédese con el cambio.	**Voit pitää vaihtorahat.** [ʋojt pitæ: ʋajhtorahat]

Espéreme, por favor.	**Odottaisitko minua?** [odottajsitko minua?]
cinco minutos	**viisi minuuttia** [ʋi:si minu:ttia]
diez minutos	**kymmenen minuuttia** [kymmenen minu:ttia]
quince minutos	**viisitoista minuuttia** [ʋi:sitojsta minu:ttia]
veinte minutos	**kaksikymmentä minuuttia** [kaksikymmentæ minu:ttia]
media hora	**puoli tuntia** [puoli tuntia]

Hotel

Hola.	**Hei.** [hej]
Me llamo …	**Nimeni on …** [nimeni on …]
Tengo una reserva.	**Minulla on varaus.** [minulla on varaus]

Necesito …	**Tarvitsen …** [tarvitsen …]
una habitación individual	**yhden hengen huoneen** [yhden heŋen huone:n]
una habitación doble	**kahden hengen huoneen** [kahden heŋen huone:n]
¿Cuánto cuesta?	**Kuinka paljon se maksaa?** [kujŋka paljon se maksa:?]
Es un poco caro.	**Se on aika kallis.** [se on ajka kallis]

¿Tiene alguna más?	**Onko muita vaihtoehtoja?** [oŋko mujta vajhtoehtoja?]
Me quedo.	**Otan sen.** [otan sen]
Pagaré en efectivo.	**Maksan käteisellä.** [maksan kætejsellæ]

Tengo un problema.	**Minulla on ongelma.** [minulla on oŋelma]
Mi … no funciona.	**Minun … on rikki.** [minun … on rikki]
Mi … está fuera de servicio.	**Minun … on epäkunnossa.** [minun … on epækunnossa]
televisión	**TV** [teve]
aire acondicionado	**ilmastointi** [ilmastojnti]
grifo	**hana** [hana]

ducha	**suihku** [sujhku]
lavabo	**allas** [allas]
caja fuerte	**kassakaappi** [kassaka:ppi]

cerradura	**oven lukko** [oʋen lukko]
enchufe	**pistorasia** [pistorɑsiɑ]
secador de pelo	**hiustenkuivaaja** [hiusteŋ·kujʋɑːjɑ]

No tengo ...	**Huoneessani ei ole ...** [huone:ssɑni ej ole ...]
agua	**vettä** [ʋettæ]
luz	**valoa** [ʋɑloɑ]
electricidad	**sähköä** [sæhkøæ]

¿Me puede dar ...?	**Voisitko antaa minulle ...?** [ʋojsitko ɑntɑ: minulle ...?]
una toalla	**pyyhkeen** [py:hke:n]
una sábana	**peitteen** [pejtte:n]
unas chanclas	**aamutossut** [ɑ:mutossut]
un albornoz	**aamutakin** [ɑ:mutɑkin]
un champú	**sampoo** [sɑmpo:]
jabón	**saippuan** [sɑjppuɑn]

Quisiera cambiar de habitación.	**Haluaisin vaihtaa huonetta.** [hɑluɑjsin ʋɑjhtɑ: huonettɑ]
No puedo encontrar mi llave.	**En löydä avaintani.** [en løydæ ɑʋɑjntɑni]
Por favor abra mi habitación.	**Voisitko avata huoneeni oven?** [ʋojsitko ɑʋɑtɑ huone:ni oʋen?]
¿Quién es?	**Kuka siellä?** [kukɑ siellæ?]
¡Entre!	**Tule sisään!** [tule sisæ:n!]
¡Un momento!	**Hetki vain!** [hetki ʋɑjn!]
Ahora no, por favor.	**Ei juuri nyt, kiitos.** [ej ju:ri nyt, ki:tos]

Venga a mi habitación, por favor.	**Voisitko tulla huoneeseeni.** [ʋojsitko tullɑ huone:se:ni]
Quisiera hacer un pedido.	**Haluaisin tilata huonepalvelusta.** [hɑluɑjsin tilɑtɑ huonepɑlʋelustɑ]
Mi número de habitación es ...	**Huoneeni numero on ...** [huone:ni numero on ...]

Me voy …	**Olen lähdössä …** [olen læhdøssæ …]
Nos vamos …	**Olemme lähdössä …** [olemme læhdøssæ …]
Ahora mismo	**juuri nyt** [juːri nyt]
esta tarde	**tänä iltapäivänä** [tænæ iltapæjʋænæ]
esta noche	**tänä iltana** [tænæ iltɑnɑ]
mañana	**huomenna** [huomennɑ]
mañana por la mañana	**huomenaamuna** [huomenɑːmunɑ]
mañana por la noche	**huomenillalla** [huomenillɑllɑ]
pasado mañana	**ylihuomenna** [yliĥuomennɑ]

Quisiera pagar la cuenta.	**Haluaisin maksaa.** [hɑluɑjsin mɑksɑː]
Todo ha estado estupendo.	**Kaikki oli mahtavaa.** [kɑjkki oli mɑhtɑʋɑː]
¿Dónde puedo coger un taxi?	**Mistä voin saada taksin?** [mistæ ʋojn sɑːdɑ taksin?]
¿Puede llamarme un taxi, por favor?	**Voisitko soittaa minulle taksin, kiitos?** [ʋojsitko sojttɑː minulle taksin, kiːtos?]

Restaurante

¿Puedo ver el menú, por favor?	**Saisinko katsoa ruokalistaa, kiitos?** [sɑjsiŋko kɑtsoɑ ruokɑ·listɑ:, ki:tos?]
Mesa para uno.	**Pöytä yhdelle.** [pøytæ yhdelle]
Somos dos (tres, cuatro).	**Meitä on kaksi (kolme, neljä).** [mejtæ on kɑksi (kolme, neljæ)]

Para fumadores	**Tupakointi** [tupɑkojnti]
Para no fumadores	**Tupakointi kielletty** [tupɑkojnti kielletty]
¡Por favor! (llamar al camarero)	**Anteeksi!** [ɑnte:ksi!]
la carta	**ruokalista** [ruokɑ·listɑ]
la carta de vinos	**viinilista** [ʋi:ni·listɑ]
La carta, por favor.	**Ruokalista, kiitos.** [ruokɑ·listɑ, ki:tos]

¿Está listo para pedir?	**Oletteko valmis tilaamaan?** [oletteko ʋɑlmis tilɑ:mɑ:n?]
¿Qué quieren pedir?	**Mitä haluaisitte?** [mitæ hɑluɑjsitte?]
Yo quiero ...	**Otan ...** [otɑn ...]

Soy vegetariano.	**Olen kasvissyöjä.** [olen kɑsʋissyøjæ]
carne	**liha** [liɦɑ]
pescado	**kala** [kɑlɑ]
verduras	**vihannekset** [ʋiɦɑnnekset]
¿Tiene platos para vegetarianos?	**Onko teillä kasvisruokaa?** [oŋko tejllæ kɑsʋisruokɑ:?]
No como cerdo.	**En syö sianlihaa.** [en syø siɑnliɦɑ:]
Él /Ella/ no come carne.	**Hän ei syö lihaa.** [hæn ej syø liɦɑ:]
Soy alérgico a ...	**Olen allerginen ...** [olen ɑllerginen ...]

¿Me puede traer ..., por favor?	**Toisitteko minulle ...** [tojsitteko minulle ...]
sal | pimienta | azúcar	**suola | pippuri | sokeri** [suola | pippuri | sokeri]
café | té | postre	**kahvi | tee | jälkiruoka** [kahʋi | te: | jælkiruoka]
agua | con gas | sin gas	**vesi | hiilihapollinen | tavallinen** [ʋesi | hi:liɦapollinen | taʋallinen]
una cuchara | un tenedor | un cuchillo	**lusikka | haarukka | veitsi** [lusikka | ha:rukka | ʋejtsi]
un plato | una servilleta	**lautanen | lautasliina** [lautanen | lautasli:na]

¡Buen provecho!	**Hyvää ruokahalua!** [hyʋæ: ruokaɦalua!]
Uno más, por favor.	**Toinen samanlainen, kiitos.** [tojnen samanlajnen, ki:tos]
Estaba delicioso.	**Se oli todella herkullista.** [se oli todella herkullista]

la cuenta | el cambio | la propina	**lasku | vaihtoraha | tippi** [lasku | ʋajhtoraɦa | tippi]
La cuenta, por favor.	**Lasku, kiitos.** [lasku, ki:tos]
¿Puedo pagar con tarjeta?	**Voinko maksaa luottokortilla?** [ʋojŋko maksa: luottokortilla?]
Perdone, aquí hay un error.	**Olen pahoillani, mutta tässä on virhe.** [olen paɦojllani, mutta tæssæ on ʋirhe]

De Compras

¿Puedo ayudarle?	**Voinko auttaa?** [ʋojŋko auttɑ:?]
¿Tiene …?	**Onko teillä …?** [oŋko tejllæ …?]
Busco …	**Etsin …** [etsin …]
Necesito …	**Tarvitsen …** [tɑrʋitsen …]

Sólo estoy mirando.	**Katselen vain.** [kɑtselen ʋɑjn]
Sólo estamos mirando.	**Katselemme vain.** [kɑtselemme ʋɑjn]
Volveré más tarde.	**Palaan takaisin myöhemmin.** [pɑlɑ:n tɑkɑjsin myøhemmin]
Volveremos más tarde.	**Palaamme takaisin myöhemmin.** [pɑlɑ:mme tɑkɑjsin myøhemmin]
descuentos | oferta	**alennukset | ale** [ɑlennukset | ɑle]

Por favor, enséñeme …	**Näyttäisitkö minulle …** [næyttæjsitkø minulle …]
¿Me puede dar …, por favor?	**Antaisitko minulle …** [ɑntɑjsitko minulle …]
¿Puedo probarmelo?	**Voinko kokeilla tätä?** [ʋojŋko kokejllɑ tætæ?]
Perdone, ¿dónde están los probadores?	**Anteeksi, missä on sovituskoppi?** [ɑnte:ksi, missæ on soʋituskoppi?]
¿Qué color le gustaría?	**Minkä värisen haluaisitte?** [miŋkæ ʋærisen hɑluɑjsitte?]
la talla | el largo	**koko | pituus** [koko | pitu:s]
¿Cómo le queda? (¿Está bien?)	**Kuinka tämä istuu?** [kujŋkɑ tæmæ istu:?]

¿Cuánto cuesta esto?	**Kuinka paljon tämä maksaa?** [kujŋkɑ pɑljon tæmæ mɑksɑ:?]
Es muy caro.	**Se on liian kallis.** [se on li:ɑn kɑllis]
Me lo llevo.	**Otan sen.** [otɑn sen]
Perdone, ¿dónde está la caja?	**Anteeksi, missä voin maksaa?** [ɑnte:ksi, missæ ʋojn mɑksɑ:?]

¿Pagará en efectivo o con tarjeta?

**Maksatteko käteisellä
vai luottokortilla?**
[maksatteko kætejsellæ
ʋaj luottokortilla?]

en efectivo | con tarjeta

Käteisellä | luottokortilla
[kætejsellæ | luottokortilla]

¿Quiere el recibo?

Haluaisitteko kuitin?
[haluajsitteko kujtin?]

Sí, por favor.

Kyllä kiitos.
[kyllæ ki:tos]

No, gracias.

Ei, en halua.
[ej, en halua]

Gracias. ¡Que tenga un buen día!

Kiitos. Mukavaa päivää!
[ki:tos. mukaʋa: pæjʋæ:!]

En la ciudad

Perdone, por favor.	**Anteeksi.** [ɑnte:ksi]
Busco ...	**Etsin ...** [etsin ...]
el metro	**metro** [metro]
mi hotel	**hotellini** [hotellini]
el cine	**elokuvateatteri** [elokuʋɑ·teɑtteri]
una parada de taxis	**taksipysäkki** [tɑksi·pysækki]

un cajero automático	**pankkiautomaatti** [pɑŋkki·ɑutomɑ:tti]
una oficina de cambio	**valuutanvaihtopiste** [ʋɑlu:tɑnʋɑjhto·piste]
un cibercafé	**Internet-kahvila** [internet·kɑhʋilɑ]
la calle ...	**... katu** [... kɑtu]
este lugar	**tämä paikka** [tæmæ pɑjkkɑ]

¿Sabe usted dónde está ...?	**Tiedättekö, missä on ...?** [tiedættekø, missæ on ...?]
¿Cómo se llama esta calle?	**Mikä katu tämä on?** [mikæ kɑtu tæmæ on?]
Muestreme dónde estamos ahora.	**Voisitteko näyttää minulle,** **missä me olemme nyt.** [ʋojsitteko næyttæ: minulle, missæ me olemme nyt]
¿Puedo llegar a pie?	**Voiko sinne kävellä?** [ʋojko sinne kæʋellæ?]
¿Tiene un mapa de la ciudad?	**Onko teillä kaupungin karttaa?** [oŋko tejllæ kɑupuŋin kɑrttɑ:?]

¿Cuánto cuesta la entrada?	**Kuinka paljon pääsylippu maksaa?** [kujŋkɑ pɑljon pæ:sylippu mɑksɑ:?]
¿Se pueden hacer fotos aquí?	**Voinko ottaa täällä kuvia?** [ʋojŋko ottɑ: tæ:llæ kuʋiɑ?]
¿Está abierto?	**Oletteko auki?** [oletteko ɑuki?]

¿A qué hora abren?

Milloin aukeatte?
[millojn aukeatte?]

¿A qué hora cierran?

Milloin menette kiinni?
[millojn menette ki:nni?]

Dinero

dinero	**raha** [raha]
efectivo	**käteinen** [kætejnen]
billetes	**setelit** [setelit]
monedas	**pikkuraha** [pikku·raha]
la cuenta | el cambio | la propina	**lasku | vaihtoraha | tippi** [lasku | uajhtoraha | tippi]
la tarjeta de crédito	**luottokortti** [luotto·kortti]
la cartera	**lompakko** [lompakko]
comprar	**ostaa** [osta:]
pagar	**maksaa** [maksa:]
la multa	**sakko** [sakko]
gratis	**ilmainen** [ilmajnen]
¿Dónde puedo comprar …?	**Mistä voin ostaa …?** [mistæ uojn osta: …?]
¿Está el banco abierto ahora?	**Onko pankki nyt auki?** [oŋko paŋkki nyt auki?]
¿A qué hora abre?	**Milloin se aukeaa?** [millojn se aukea:?]
¿A qué hora cierra?	**Milloin se menee kiinni?** [millojn se mene: ki:nni?]
¿Cuánto cuesta?	**Kuinka paljon?** [kujŋka paljon?]
¿Cuánto cuesta esto?	**Kuinka paljon tämä maksaa?** [kujŋka paljon tæmæ maksa:?]
Es muy caro.	**Se on liian kallis.** [se on li:an kallis]
Perdone, ¿dónde está la caja?	**Anteeksi, missä voin maksaa?** [ante:ksi, missæ uojn maksa:?]
La cuenta, por favor.	**Lasku, kiitos.** [lasku, ki:tos]

¿Puedo pagar con tarjeta?

Voinko maksaa luottokortilla?
[voiŋko maksa: luottokortilla?]

¿Hay un cajero por aquí?

Onko täällä pankkiautomaattia?
[oŋko tæ:llæ paŋkki·automa:ttia?]

Busco un cajero automático.

Etsin pankkiautomaattia.
[etsin paŋkki·automa:ttia]

Busco una oficina de cambio.

Etsin valuutanvaihtopistettä.
[etsin valu:tanvajhto·pistettæ]

Quisiera cambiar …

Haluaisin vaihtaa …
[haluajsin vajhta: …]

¿Cuál es el tipo de cambio?

Mikä on vaihtokurssi?
[mikæ on vajhto·kurssi?]

¿Necesita mi pasaporte?

Tarvitsetteko passini?
[tarvitsetteko passini?]

Tiempo

¿Qué hora es?	**Paljonko kello on?** [paljoŋko kello on?]
¿Cuándo?	**Milloin?** [millojn?]
¿A qué hora?	**Mihin aikaan?** [miĥin ajka:n?]
ahora | luego | después de ...	**nyt | myöhemmin | jälkeen ...** [nyt | myøhemmin | jælke:n ...]

la una	**kello yksi** [kello yksi]
la una y cuarto	**vartin yli yksi** [ʋartin yli yksi]
la una y medio	**puoli kaksi** [puoli kaksi]
las dos menos cuarto	**varttia vaille kaksi** [ʋarttia ʋajlle kaksi]

una | dos | tres	**yksi | kaksi | kolme** [yksi | kaksi | kolme]
cuatro | cinco | seis	**neljä | viisi | kuusi** [neljæ | ʋi:si | ku:si]
siete | ocho | nueve	**seitsemän | kahdeksan | yhdeksän** [sejtsemæn | kahdeksan | yhdeksæn]
diez | once | doce	**kymmenen | yksitoista | kaksitoista** [kymmenen | yksitojsta | kaksitojsta]

en ...	**... kuluttua** [... kuluttua]
cinco minutos	**viiden minuutin kuluttua** [ʋi:den minu:tin kuluttua]
diez minutos	**kymmenen minuutin kuluttua** [kymmenen minu:tin kuluttua]
quince minutos	**viidentoista minuutin kuluttua** [ʋi:den·tojsta minu:tin kuluttua]
veinte minutos	**kahdenkymmenen minuutin kuluttua** [kahdeŋkymmenen minu:tin kuluttua]

media hora	**puolen tunnin kuluttua** [puolen tunnin kuluttua]
una hora	**tunnin kuluttua** [tunnin kuluttua]
por la mañana	**aamulla** [a:mulla]

por la mañana temprano	**aikaisin aamulla** [ajkajsin ɑ:mulla]
esta mañana	**tänä aamuna** [tænæ ɑ:muna]
mañana por la mañana	**huomenaamuna** [huomenɑ:muna]

al mediodía	**keskipäivällä** [keskipæjuællæ]
por la tarde	**iltapäivällä** [ilta·pæjuællæ]
por la noche	**illalla** [illalla]
esta noche	**tänä iltana** [tænæ iltana]

por la noche	**yöllä** [yøllæ]
ayer	**eilen** [ejlen]
hoy	**tänään** [tænæ:n]
mañana	**huomenna** [huomenna]
pasado mañana	**ylihuomenna** [ylihuomenna]

¿Qué día es hoy?	**Mikä päivä tänään on?** [mikæ pæjuæ tænæ:n on?]
Es ...	**Tänään on ...** [tænæ:n on ...]
lunes	**maanantai** [mɑ:nantaj]
martes	**tiistai** [ti:staj]
miércoles	**keskiviikko** [keskiui:kko]

jueves	**torstai** [torstaj]
viernes	**perjantai** [perjantaj]
sábado	**lauantai** [lauantaj]
domingo	**sunnuntai** [sunnuntaj]

Saludos. Presentaciones.

Hola.	**Hei.** [hej]
Encantado /Encantada/ de conocerle.	**Mukava tavata.** [mukaυa taυata]
Yo también.	**Samoin.** [samojn]
Le presento a …	**Saanko esitellä …** [saːŋko esitellæ …]
Encantado.	**Hauska tavata.** [hauska tauata]

¿Cómo está?	**Kuinka voit?** [kujŋka υojt?]
Me llamo …	**Nimeni on …** [nimeni on …]
Se llama …	**Hänen nimensä on …** [hænen nimensæ on …]
Se llama …	**Hänen nimensä on …** [hænen nimensæ on …]
¿Cómo se llama (usted)?	**Mikä sinun nimesi on?** [mikæ sinun nimesi on?]
¿Cómo se llama (él)?	**Mikä hänen nimensä on?** [mikæ hænen nimensæ on?]
¿Cómo se llama (ella)?	**Mikä hänen nimensä on?** [mikæ hænen nimensæ on?]

¿Cuál es su apellido?	**Mikä on sukunimesi?** [mikæ on sukunimesi?]
Puede llamarme …	**Voit soittaa minulle …** [υojt sojtta: minulle …]
¿De dónde es usted?	**Mistä olet kotoisin?** [mistæ olet kotojsin?]
Yo soy de ….	**Olen …** [olen …]
¿A qué se dedica?	**Mitä teet työksesi?** [mitæ teːt työksesi?]
¿Quién es?	**Kuka tämä on?** [kuka tæmæ on?]
¿Quién es él?	**Kuka hän on?** [kuka hæn on?]
¿Quién es ella?	**Kuka hän on?** [kuka hæn on?]
¿Quiénes son?	**Keitä he ovat?** [kejtæ he ouat?]

Este es ...	**Tämä on ...**
	[tæmæ on ...]
mi amigo	**ystäväni**
	[ystæʋæni]
mi amiga	**ystäväni**
	[ystæʋæni]
mi marido	**mieheni**
	[mieɦeni]
mi mujer	**vaimoni**
	[ʋɑjmoni]

mi padre	**isäni**
	[isæni]
mi madre	**äitini**
	[æjtini]
mi hermano	**veljeni**
	[ʋeljeni]
mi hermana	**siskoni**
	[siskoni]
mi hijo	**poikani**
	[pojkɑni]
mi hija	**tyttäreni**
	[tyttæreni]

Este es nuestro hijo.	**Tämä on poikamme.**
	[tæmæ on pojkɑmme]
Esta es nuestra hija.	**Tämä on tyttäremme.**
	[tæmæ on tyttæremme]
Estos son mis hijos.	**Nämä ovat lapsiani.**
	[næmæ oʋɑt lɑpsiɑni]
Estos son nuestros hijos.	**Nämä ovat lapsiamme.**
	[næmæ oʋɑt lɑpsiɑmme]

Despedidas

¡Adiós!

¡Chau!

Hasta mañana.

Hasta pronto.

Te veo a las siete.

Näkemiin!
[nækemi:n!]

Hei hei!
[hej hej!]

Nähdään huomenna.
[næhdæ:n huomenna]

Nähdään pian.
[næhdæ:n pian]

Nähdään seitsemältä.
[næhdæ:n sejtsemæltæ]

¡Que se diviertan!

Hablamos más tarde.

Que tengas un buen fin de semana.

Buenas noches.

Pitäkää hauskaa!
[pitækæ: hauska:!]

Jutellaan myöhemmin.
[jutella:n myøhemmin]

Hyvää viikonloppua!
[hyuæ: ʋi:konloppua!]

Hyvää yötä.
[hyuæ: yøtæ]

Es hora de irme.

Tengo que irme.

Ahora vuelvo.

Minun on aika lähteä.
[minun on ajka læhteæ]

Minun täytyy lähteä.
[minun tæyty: læhteæ]

Tulen kohta takaisin.
[tulen kohta takajsin]

Es tarde.

Tengo que levantarme temprano.

Me voy mañana.

Nos vamos mañana.

On myöhä.
[on myøhæ]

Minun täytyy nousta aikaisin.
[minun tæyty: nousta ajkajsin]

Lähden huomenna.
[læhden huomenna]

Lähdemme huomenna.
[læhdemme huomenna]

¡Que tenga un buen viaje!

Ha sido un placer.

Fue un placer hablar con usted.

Gracias por todo.

Hyvää matkaa!
[hyuæ: matka:!]

Oli mukava tavata.
[oli mukaua tauata]

Oli mukava jutella.
[oli mukaua jutella]

Kiitos kaikesta.
[ki:tos kajkesta]

Lo he pasado muy bien.	**Minulla oli tosi hauskaa.** [minulla oli tosi hauskɑ:]
Lo pasamos muy bien.	**Meillä oli tosi hauskaa.** [mejllæ oli tosi hauskɑ:]
Fue genial.	**Se oli tosi mahtavaa.** [se oli tosi mɑhtɑʋɑ:]
Le voy a echar de menos.	**Tulen kaipaamaan sinua.** [tulen kɑjpɑ:mɑ:n sinuɑ]
Le vamos a echar de menos.	**Tulemme kaipaamaan sinua /teitä/.** [tulemme kɑjpɑ:mɑ:n sinuɑ /tejtæ/]

¡Suerte!	**Onnea matkaan!** [onnea mɑtkɑ:n!]
Saludos a …	**Kerro terveisiä …** [kerro terʋejsiæ …]

Idioma extranjero

No entiendo.	**En ymmärrä.** [en ymmærræ]
Escríbalo, por favor.	**Voisitko kirjoittaa sen.** [ʋojsitko kirjoitta: sen]
¿Habla usted ...?	**Puhutko ...?** [puɦutko ...?]

Hablo un poco de ...	**Puhun vähän ...** [puɦun ʋæɦæn ...]
inglés	**englantia** [eŋlantia]
turco	**turkkia** [turkkia]
árabe	**arabiaa** [arabia:]
francés	**ranskaa** [ranska:]

alemán	**saksaa** [saksa:]
italiano	**italiaa** [italia:]
español	**espanjaa** [espanja:]
portugués	**portugalia** [portugalia]
chino	**kiinaa** [ki:na:]
japonés	**japania** [japania]

¿Puede repetirlo, por favor?	**Voisitko toistaa, kiitos.** [ʋojsitko tojsta:, ki:tos]
Lo entiendo.	**Ymmärrän.** [ymmærræn]
No entiendo.	**En ymmärrä.** [en ymmærræ]
Hable más despacio, por favor.	**Voisitko puhua hitaammin.** [ʋojsitko puɦua hita:mmin]

¿Está bien?	**Onko tämä oikein?** [oŋko tæmæ ojkejn?]
¿Qué es esto? (¿Que significa esto?)	**Mikä tämä on?** [mikæ tæmæ on?]

Disculpas

Perdone, por favor.

Anteeksi.
[ɑnte:ksi]

Lo siento.

Olen pahoillani.
[olen pɑɦojllɑni]

Lo siento mucho.

Olen todella pahoillani.
[olen todellɑ pɑɦojllɑni]

Perdón, fue culpa mía.

Anteeksi, se on minun vikani.
[ɑnte:ksi, se on minun ʋikɑni]

Culpa mía.

Minun virheeni.
[minun ʋirhe:ni]

¿Puedo ...?

Saanko ...?
[sɑ:ŋko ...?]

¿Le molesta si ...?

Haittaakko jos ...?
[hɑjttɑ:kko jos ...?]

¡No hay problema! (No pasa nada.)

Se on OK.
[se on ok]

Todo está bien.

Ole hyvä.
[ole hyʋæ]

No se preocupe.

Ei tarvitse kiittää.
[ej tɑrʋitse ki:ttæ:]

Acuerdos

Sí.	**Kyllä.** [kyllæ]
Sí, claro.	**Kyllä, varmasti.** [kyllæ, ʋarmɑsti]
Bien.	**OK! Hyvä!** [ok! hyʋæ!]
Muy bien.	**Hyvä on.** [hyʋæ on]
¡Claro que sí!	**Totta kai!** [tottɑ kɑj!]
Estoy de acuerdo.	**Olen samaa mieltä.** [olen sɑmɑ: mieltæ]

Es verdad.	**Näin se on.** [næjn se on]
Es correcto.	**Juuri niin.** [juːri niːn]
Tiene razón.	**Olet oikeassa.** [olet ojkeɑssɑ]
No me molesta.	**Ei se minua haittaa.** [ej se minuɑ hɑjttɑ:]
Es completamente cierto.	**Täysin oikein.** [tæysin ojkejn]

Es posible.	**Se on mahdollista.** [se on mɑhdollistɑ]
Es una buena idea.	**Tuo on hyvä idea.** [tuo on hyʋæ ideɑ]
No puedo decir que no.	**En voi kieltäytyä.** [en ʋoj kieltæytyæ]
Estaré encantado /encantada/.	**Mielelläni.** [mielellæni]
Será un placer.	**Mielihyvin.** [mielihyʋin]

Rechazo. Expresar duda

No.	**Ei.** [ej]
Claro que no.	**Ei todellakaan.** [ej todellaka:n]
No estoy de acuerdo.	**En ole samaa mieltä.** [en ole sama: mieltæ]
No lo creo.	**En usko.** [en usko]
No es verdad.	**Se ei ole totta.** [se ej ole totta]

No tiene razón.	**Olet väärässä.** [olet υæ:ræssæ]
Creo que no tiene razón.	**Luulen, että olet väärässä.** [lu:len, ettæ olet υæ:ræssæ]
No estoy seguro /segura/.	**En ole varma.** [en ole υarma]
No es posible.	**Se on mahdotonta.** [se on mahdotonta]
¡Nada de eso!	**Ei mitään sellaista!** [ej mitæ:n sellajsta!]

Justo lo contrario.	**Täysin päinvastoin.** [tæysin pæjnυastojn]
Estoy en contra de ello.	**Vastustan sitä.** [υastustan sitæ]
No me importa. (Me da igual.)	**En välitä.** [en υælitæ]
No tengo ni idea.	**Minulla ei ole aavistustakaan.** [minulla ej ole a:υistustaka:n]
Dudo que sea así.	**Epäilen sitä.** [epæjlen sitæ]

Lo siento, no puedo.	**Olen pahoillani, mutta en voi.** [olen pahojllani, mutta en υoj]
Lo siento, no quiero.	**Olen pahoillani, mutta en halua.** [olen pahojllani, mutta en halua]
Gracias, pero no lo necesito.	**Kiitos, mutta en tarvitse tätä.** [ki:tos, mutta en tarvitse tætæ]
Ya es tarde.	**Alkaa olla jo myöhä.** [alka: olla jo myøhæ]

Tengo que levantarme temprano.

Me encuentro mal.

Minun täytyy nousta aikaisin.
[minun tæyty: nousta ajkajsin]

En voi hyvin.
[en ʋoj hyʋin]

Expresar gratitud

Gracias.	**Kiitos.** [ki:tos]
Muchas gracias.	**Tuhannet kiitokset.** [tuɦannet ki:tokset]
De verdad lo aprecio.	**Arvostan sitä todella.** [arʋostan sitæ todella]
Se lo agradezco.	**Olen tosi kiitollinen sinulle.** [olen tosi ki:tollinen sinulle]
Se lo agradecemos.	**Olemme tosi kiitollisia sinulle.** [olemme tosi ki:tollisia sinulle]

Gracias por su tiempo.	**Kiitos ajastasi.** [ki:tos ajastasi]
Gracias por todo.	**Kiitos kaikesta.** [ki:tos kajkesta]
Gracias por ...	**Kiitos ...** [ki:tos ...]
su ayuda	**avustasi** [aʋustasi]
tan agradable momento	**mukavasta ajasta** [mukaʋasta ajasta]

una comida estupenda	**ihanasta ateriasta** [iɦanasta ateriasta]
una velada tan agradable	**mukavasta illasta** [mukaʋasta illasta]
un día maravilloso	**ihanasta päivästä** [iɦanasta pæjʋæstæ]
un viaje increíble	**mahtavasta matkasta** [mahtaʋasta matkasta]

No hay de qué.	**Ei kestä.** [ej kestæ]
De nada.	**Ole hyvä.** [ole hyʋæ]
Siempre a su disposición.	**Eipä kestä.** [ejpæ kestæ]
Encantado /Encantada/ de ayudarle.	**Ilo on kokonaan minun puolellani.** [ilo on kokona:n minun puolellani]
No hay de qué.	**Unohda se.** [unohda se]
No tiene importancia.	**Ei tarvitse kiittää.** [ej tarʋitse ki:ttæ:]

Felicitaciones , Mejores Deseos

¡Felicidades!	Onnittelut! [onnittelut!]
¡Feliz Cumpleaños!	Hyvää syntymäpäivää! [hyʋæ: syntymæpæjʋæ:!]
¡Feliz Navidad!	Hyvää joulua! [hyʋæ: joulua!]
¡Feliz Año Nuevo!	Onnellista Uutta Vuotta! [onnellista u:tta ʋuotta!]

¡Felices Pascuas!	Hyvää Pääsiäistä! [hyʋæ: pæ:siæjstæ!]
¡Feliz Hanukkah!	Onnellista Hanukka! [onnellista hanukka!]

Quiero brindar.	Haluaisin ehdottaa maljaa. [haluajsin ehdotta: malja:]
¡Salud!	Kippis! [kippis!]
¡Brindemos por ...!	Malja ...! [malja ...!]
¡A nuestro éxito!	Menestykselle! [menestykselle!]
¡A su éxito!	Menestyksellesi! [menestyksellesi!]

¡Suerte!	Onnea matkaan! [onnea matka:n!]
¡Que tenga un buen día!	Mukavaa päivää! [mukaʋa: pæjʋæ:!]
¡Que tenga unas buenas vacaciones!	Mukavaa lomaa! [mukaʋa: loma:!]
¡Que tenga un buen viaje!	Turvallista matkaa! [turʋallista matka:!]
¡Espero que se recupere pronto!	Toivon että paranet pian! [tojʋon ettæ paranet pian!]

Socializarse

¿Por qué está triste?	**Miksi olet surullinen?** [miksi olet surullinen?]
¡Sonría! ¡Animese!	**Hymyile! Piristy!** [hymyile! piristy!]
¿Está libre esta noche?	**Oletko vapaa tänä iltana?** [oletko ʋɑpɑ: tænæ iltɑnɑ?]

¿Puedo ofrecerle algo de beber?	**Voinko tarjota sinulle juotavaa?** [ʋojŋko tɑrjotɑ sinulle juotɑʋɑ:?]
¿Querría bailar conmigo?	**Haluaisitko tulla tanssimaan?** [hɑluɑjsitko tullɑ tɑnssimɑ:n?]
Vamos a ir al cine.	**Mennään elokuviin.** [mennæ:n elokuʋi:n]

¿Puedo invitarle a ...?	**Saanko kutsua sinut ...?** [sɑ:ŋko kutsuɑ sinut ...?]
un restaurante	**ravintolaan** [rɑʋintolɑ:n]
el cine	**elokuviin** [elokuʋi:n]
el teatro	**teatteriin** [teɑtteri:n]
dar una vuelta	**kävelylle** [kæʋelylle]

¿A qué hora?	**Mihin aikaan?** [mihin ɑjkɑ:n?]
esta noche	**tänä iltana** [tænæ iltɑnɑ]
a las seis	**kuudelta** [ku:deltɑ]
a las siete	**seitsemältä** [sejtsemæltæ]
a las ocho	**kahdeksalta** [kɑhdeksɑltɑ]
a las nueve	**yhdeksältä** [yhdeksæltæ]

¿Le gusta este lugar?	**Pidätkö tästä paikasta?** [pidætkø tæstæ pɑjkɑstɑ?]
¿Está aquí con alguien?	**Oletko täällä jonkun kanssa?** [oletko tæ:llæ joŋkun kɑnssɑ?]
Estoy con mi amigo /amiga/.	**Olen ystäväni kanssa.** [olen ystæʋæni kɑnssɑ]

Estoy con amigos.	**Olen ystävieni kanssa.** [olen ystæʋieni kanssa]
No, estoy solo /sola/.	**Ei, olen yksin.** [ej, olen yksin]

¿Tienes novio?	**Onko sinulla poikaystävää?** [oŋko sinulla pojka·ystæʋæ:?]
Tengo novio.	**Minulla on poikaystävä.** [minulla on pojka·ystæʋæ]
¿Tienes novia?	**Onko sinulla tyttöystävää?** [oŋko sinulla tyttø·ystæʋæ:?]
Tengo novia.	**Minulla on tyttöystävä.** [minulla on tyttø·ystæʋæ]

¿Te puedo volver a ver?	**Saanko tavata sinut uudelleen?** [sa:ŋko taʋata sinut u:delle:n?]
¿Te puedo llamar?	**Saanko soittaa sinulle?** [sa:ŋko sojtta: sinulle?]
Llámame.	**Soita minulle.** [sojta minulle]
¿Cuál es tu número?	**Mikä on puhelinnumerosi?** [mikæ on puhelin·numerosi?]
Te echo de menos.	**Kaipaan sinua.** [kajpa:n sinua]

¡Qué nombre tan bonito!	**Sinulla on kaunis nimi.** [sinulla on kaunis nimi]
Te quiero.	**Rakastan sinua.** [rakastan sinua]
¿Te casarías conmigo?	**Menisitkö naimisiin kanssani?** [menisitkø najmisi:n kanssani?]
¡Está de broma!	**Lasket leikkiä!** [lasket lejkkiæ!]
Sólo estoy bromeando.	**Lasken vain leikkiä.** [lasken ʋajn lejkkiæ]

¿En serio?	**Oletko tosissasi?** [oletko tosissasi?]
Lo digo en serio.	**Olen tosissani.** [olen tosissani]
¿De verdad?	**Ihanko totta?!** [ihaŋko totta?!]
¡Es increíble!	**Se on uskomatonta!** [se on uskomatonta!]
No le creo.	**En usko sinua.** [en usko sinua]
No puedo.	**En voi.** [en ʋoj]
No lo sé.	**En tiedä.** [en tiedæ]
No le entiendo.	**En ymmärrä sinua.** [en ymmærræ sinua]

Váyase, por favor.	**Ole hyvä mene pois.**
	[ole hyʋæ mene pojs]
¡Déjeme en paz!	**Jätä minut rauhaan!**
	[jætæ minut rɑuhɑːn!]

Es inaguantable.	**En voi sietää häntä.**
	[en ʋoj sietæː hæntæ]
¡Es un asqueroso!	**Olet inhottava!**
	[olet inhottɑʋɑ!]
¡Llamaré a la policía!	**Soitan poliisille!**
	[sojtɑn poliːsille!]

Compartir impresiones. Emociones

Me gusta.	**Pidän siitä.** [pidæn si:tæ]
Muy lindo.	**Tosi kiva.** [tosi kiʋɑ]
¡Es genial!	**Sepä hienoa!** [sepæ hienoɑ!]
No está mal.	**Ei huono.** [ej huono]

No me gusta.	**En pidä siitä.** [en pidæ si:tæ]
No está bien.	**Se ei ole hyvä.** [se ej ole hyʋæ]
Está mal.	**Se on huono.** [se on huono]
Está muy mal.	**Se on tosi huono.** [se on tosi huono]
¡Qué asco!	**Se on inhottava.** [se on inhottɑʋɑ]

Estoy feliz.	**Olen onnellinen.** [olen onnellinen]
Estoy contento /contenta/.	**Olen tyytyväinen.** [olen ty:tyʋæjnen]
Estoy enamorado /enamorada/.	**Olen rakastunut.** [olen rɑkɑstunut]
Estoy tranquilo.	**Olen rauhallinen.** [olen rɑuhɑllinen]
Estoy aburrido.	**Olen tylsistynyt.** [olen tylsistynyt]

Estoy cansado /cansada/.	**Olen väsynyt.** [olen ʋæsynyt]
Estoy triste.	**Olen surullinen.** [olen surullinen]
Estoy asustado.	**Olen peloissani.** [olen pelojssɑni]
Estoy enfadado /enfadada/.	**Olen vihainen.** [olen ʋihɑjnen]

Estoy preocupado /preocupada/.	**Olen huolissani.** [olen huolissɑni]
Estoy nervioso /nerviosa/.	**Olen hermostunut.** [olen hermostunut]

Estoy celoso /celosa/.

Olen mustasukkainen.
[olen mustasukkajnen]

Estoy sorprendido /sorprendida/.

Olen yllättynyt.
[olen yllættynyt]

Estoy perplejo /perpleja/.

Olen hämilläni.
[olen hæmillæni]

Problemas, Accidentes

Tengo un problema.	**Minulla on ongelma.** [minulla on oŋelma]
Tenemos un problema.	**Meillä on ongelma.** [mejllæ on oŋelma]
Estoy perdido /perdida/.	**Olen eksynyt.** [olen eksynyt]
Perdi el último autobús (tren).	**Myöhästyin viimeisestä bussista (junasta).** [myøhæstyin ʋi:mejsestæ bussista (junasta)]
No me queda más dinero.	**Minulla ei ole ollenkaan rahaa jäljellä.** [minulla ej ole olleŋka:n raha: jæljellæ]

He perdido …	**Olen hukannut …** [olen hukannut …]
Me han robado …	**Joku varasti minun …** [joku ʋarasti minun …]
mi pasaporte	**passini** [passini]
mi cartera	**lompakkoni** [lompakkoni]
mis papeles	**paperini** [paperini]
mi billete	**lippuni** [lippuni]

mi dinero	**rahani** [rahani]
mi bolso	**käsilaukkuni** [kæsilaukkuni]
mi cámara	**kamerani** [kamerani]
mi portátil	**kannettava tietokone** [kannettaʋa tietokone]
mi tableta	**tablettini** [tablettini]
mi teléfono	**kännykkäni** [kænnykkæni]

¡Ayúdeme!	**Auta minua!** [auta minua!]
¿Qué pasó?	**Mitä on tapahtunut?** [mitæ on tapahtunut?]

el incendio	**tulipalo** [tulipalo]
un tiroteo	**ampuminen** [ampuminen]
el asesinato	**murha** [murha]
una explosión	**räjähdys** [ræjæhdys]
una pelea	**tappelu** [tappelu]

¡Llame a la policía!	**Soita poliisille!** [sojta poli:sille!]
¡Más rápido, por favor!	**Pidä kiirettä!** [pidæ ki:rettæ!]
Busco la comisaría.	**Etsin poliisiasemaa.** [etsin poli:si·asema:]
Tengo que hacer una llamada.	**Minun täytyy soittaa.** [minun tæyty: sojtta:]
¿Puedo usar su teléfono?	**Saanko käyttää puhelintasi?** [sa:ŋko kæyttæ: puhelintasi?]

Me han ...	**Minut on ...** [minut on ...]
asaltado /asaltada/	**ryöstetty** [ryøstetty]
robado /robada/	**ryöstetty** [ryøstetty]
violada	**raiskattu** [rajskattu]
atacado /atacada/	**pahoinpidelty** [pahojnpidelty]

¿Se encuentra bien?	**Oletko kunnossa?** [oletko kunnossa?]
¿Ha visto quien a sido?	**Näitkö, kuka se oli?** [næjtkø, kuka se oli?]
¿Sería capaz de reconocer a la persona?	**Pystyisitkö tunnistamaan henkilön?** [pystyisitkø tunnistama:n heŋkiløn?]
¿Está usted seguro?	**Oletko varma?** [oletko varma?]

Por favor, cálmese.	**Rauhoitu.** [rauhojtu]
¡Cálmese!	**Rentoudu!** [rentoudu!]
¡No se preocupe!	**Älä huolehdi!** [ælæ huolehdi!]
Todo irá bien.	**Kaikki järjestyy.** [kajkki jærjesty:]
Todo está bien.	**Kaikki on kunnossa.** [kajkki on kunnossa]

Venga aquí, por favor.	**Tule tänne.** [tule tænne]
Tengo unas preguntas para usted.	**Minulla on joitakin kysymyksiä sinulle.** [minulla on joitakin kysymyksiæ sinulle]
Espere un momento, por favor.	**Odota hetki.** [odota hetki]
¿Tiene un documento de identidad?	**Onko sinulla henkilötodistus?** [oŋko sinulla heŋkilø·todistus?]
Gracias. Puede irse ahora.	**Kiitos. Voit nyt lähteä.** [ki:tos. ʋojt nyt læhteæ]
¡Manos detrás de la cabeza!	**Kädet pään taakse!** [kædet pæ:n tɑ:kse!]
¡Está arrestado!	**Sinut on pidätetty!** [sinut on pidætetty!]

Problemas de salud

Ayudeme, por favor.	**Voisitko auttaa minua.** [ʋojsitko autta: minua]
No me encuentro bien.	**En voi hyvin.** [en ʋoj hyʋin]
Mi marido no se encuentra bien.	**Mieheni ei voi hyvin.** [mieɦeni ej ʋoj hyʋin]
Mi hijo ...	**Poikani ...** [pojkani ...]
Mi padre ...	**Isäni ...** [isæni ...]
Mi mujer no se encuentra bien.	**Vaimoni ei voi hyvin.** [ʋajmoni ej ʋoj hyʋin]
Mi hija ...	**Tyttäreni ...** [tyttæreni ...]
Mi madre ...	**Äitini ...** [æjtini ...]
Me duele ...	**Minulla on ...** [minulla on ...]
la cabeza	**päänsärky** [pæ:nsærky]
la garganta	**kipeä kurkku** [kipeæ kurkku]
el estómago	**vatsakipu** [ʋatsakipu]
un diente	**hammassärky** [hammas·særky]
Estoy mareado.	**Minua huimaa.** [minua hujma:]
Él tiene fiebre.	**Hänellä on kuumetta.** [hænellæ on ku:metta]
Ella tiene fiebre.	**Hänellä on kuumetta.** [hænellæ on ku:metta]
No puedo respirar.	**En voi hengittää.** [en ʋoj heŋittæ:]
Me ahogo.	**Olen hengästynyt.** [olen heŋæstynyt]
Tengo asma.	**Minulla on astma.** [minulla on astma]
Tengo diabetes.	**Minulla on diabetes.** [minulla on diabetes]

No puedo dormir.

intoxicación alimentaria

En voi nukkua.
[en ʋoj nukkua]
ruokamyrkytys
[ruoka·myrkytys]

Me duele aquí.

¡Ayúdeme!

¡Estoy aquí!

¡Estamos aquí!

¡Saquenme de aquí!

Necesito un médico.

No me puedo mover.

No puedo mover mis piernas.

Minua sattuu tästä.
[minua sattu: tæstæ]
Auta minua!
[auta minua!]
Olen täällä!
[olen tæ:llæ!]
Olemme täällä!
[olemme tæ:llæ!]
Päästä minut pois täältä!
[pæ:stæ minut pojs tæ:ltæ!]
Tarvitsen lääkärin.
[tarʋitsen læ:kærin]
En voi liikkua.
[en ʋoj li:kkua]
En voi liikuttaa jalkojani.
[en ʋoj li:kutta: jalkojani]

Tengo una herida.

¿Es grave?

Mis documentos están en mi bolsillo.

¡Cálmese!

¿Puedo usar su teléfono?

Minulla on haava.
[minulla on ha:ʋa]
Onko se vakavaa?
[oŋko se ʋakaʋa:?]
Asiakirjani ovat taskussani.
[asiakirjani oʋat taskussani]
Rauhoitu!
[rauĥojtu!]
Saanko käyttää puhelintasi?
[sa:ŋko kæyttæ: puĥelintasi?]

¡Llame a una ambulancia!

¡Es urgente!

¡Es una emergencia!

¡Más rápido, por favor!

¿Puede llamar a un médico, por favor?

¿Dónde está el hospital?

Soita ambulanssi!
[sojta ambulanssi!]
Tämä on kiireellistä!
[tæmæ on ki:re:llistæ!]
Tämä on hätätilanne!
[tæmæ on hætætilanne!]
Pidä kiirettä!
[pidæ ki:rettæ!]
Soittaisitko lääkärin?
[sojttajsitko læ:kærin?]
Missä sairaala on?
[missæ sajra:la on?]

¿Cómo se siente?

¿Se encuentra bien?

¿Qué pasó?

Kuinka voit?
[kujŋka ʋojt?]
Oletko kunnossa?
[oletko kunnossa?]
Mitä on tapahtunut?
[mitæ on tapahtunut?]

Me encuentro mejor.

Voin nyt paremmin.
[ʋojn nyt pɑremmin]

Está bien.

Se on okei.
[se on okej]

Todo está bien.

Se on hyvä.
[se on hyʋæ]

En la farmacia

la farmacia	**apteekki** [apte:kki]
la farmacia 24 horas	**päivystävä apteekki** [pæjʊystæʊæ apte:kki]
¿Dónde está la farmacia más cercana?	**Missä on lähin apteekki?** [missæ on læɦin apte:kki?]
¿Está abierta ahora?	**Onko se nyt auki?** [oŋko se nyt auki?]
¿A qué hora abre?	**Milloin se aukeaa?** [millojn se aukea:?]
¿A qué hora cierra?	**Milloin se menee kiinni?** [millojn se mene: ki:nni?]
¿Está lejos?	**Onko se kaukana?** [oŋko se kaukana?]
¿Puedo llegar a pie?	**Voiko sinne kävellä?** [ʊojko sinne kæʊellæ?]
¿Puede mostrarme en el mapa?	**Voitko näyttää minulle kartalta?** [ʊojtko næyttæ: minulle kartalta?]
Por favor, deme algo para ...	**Voisitko antaa minulle jotakin ...** [ʊojsitko anta: minulle jotakin ...]
un dolor de cabeza	**päänsärkyyn** [pæ:nsærky:n]
la tos	**yskään** [yskæ:n]
el resfriado	**vilustumiseen** [ʊilustumise:n]
la gripe	**flunssaan** [flunssa:n]
la fiebre	**kuumeeseen** [ku:me:se:n]
un dolor de estomago	**vatsakipuun** [ʊatsakipu:n]
nauseas	**pahoinvointiin** [paɦojnʊojnti:n]
la diarrea	**ripuliin** [ripuli:n]
el estreñimiento	**ummetukseen** [ummetukse:n]
un dolor de espalda	**selkäkipuun** [selkæ·kipu:n]

un dolor de pecho	**rintakipuun** [rinta·kipu:n]
el flato	**pistävään kipuun kyljessä** [pistæʋæ:n kipu:n kyljessæ]
un dolor abdominal	**vatsakipuun** [ʋatsakipu:n]
la píldora	**pilleri** [pilleri]
la crema	**voide** [ʋojde]
el jarabe	**nestemäinen lääke** [nestemæjnen læ:ke]
el spray	**suihke** [sujhke]
las gotas	**tipat** [tipɑt]
Tiene que ir al hospital.	**Sinun täytyy mennä sairaalaan.** [sinun tæyty: mennæ sɑjrɑ:lɑ:n]
el seguro de salud	**vakuutus** [ʋɑku:tus]
la receta	**resepti** [resepti]
el repelente de insectos	**hyönteiskarkote** [hyøntejs·kɑrkote]
la curita	**laastari** [lɑ:stɑri]

Lo más imprescindible

Perdone, ...	**Anteeksi, ...** [ɑnteːksi, ...]
Hola.	**Hei.** [hej]
Gracias.	**Kiitos.** [kiːtos]

Sí.	**Kyllä.** [kyllæ]
No.	**Ei.** [ej]
No lo sé.	**En tiedä.** [en tiedæ]
¿Dónde? | ¿A dónde? | ¿Cuándo?	**Missä? | Minne? | Milloin?** [missæ? | minne? | millojn?]

Necesito ...	**Tarvitsen ...** [tɑrʋitsen ...]
Quiero ...	**Haluan ...** [hɑluɑn ...]
¿Tiene ...?	**Onko sinulla ...?** [oŋko sinulla ...?]
¿Hay ... por aquí?	**Onko täällä ...?** [oŋko tæːllæ ...?]
¿Puedo ...?	**Voinko ...?** [ʋojŋko ...?]
..., por favor? (petición educada)	**..., kiitos** [..., kiːtos]

Busco ...	**Etsin ...** [etsin ...]
el servicio	**WC** [ʋese]
un cajero automático	**pankkiautomaatti** [pɑŋkki·automa:tti]
una farmacia	**apteekki** [ɑpteːkki]
el hospital	**sairaala** [sɑjrɑːlɑ]

la comisaría	**poliisiasema** [poliːsi·ɑsemɑ]
el metro	**metro** [metro]

un taxi	**taksi** [taksi]
la estación de tren	**rautatieasema** [rautatie·asema]

Me llamo ...	**Nimeni on ...** [nimeni on ...]
¿Cómo se llama?	**Mikä sinun nimesi on?** [mikæ sinun nimesi on?]
¿Puede ayudarme, por favor?	**Voisitko auttaa minua?** [ʋojsitko autta: minua?]
Tengo un problema.	**Minulla on ongelma.** [minulla on oŋelma]
Me encuentro mal.	**En voi hyvin.** [en ʋoj hyʋin]
¡Llame a una ambulancia!	**Soita ambulanssi!** [sojta ambulanssi!]
¿Puedo llamar, por favor?	**Voisinko soittaa?** [ʋojsiŋko sojtta:?]

Lo siento.	**Olen pahoillani.** [olen paɦojllani]
De nada.	**Ole hyvä.** [ole hyʋæ]

Yo	**minä | mä** [minæ | mæ]
tú	**sinä | sä** [sinæ | sæ]
él	**hän | se** [hæn | se]
ella	**hän | se** [hæn | se]
ellos	**he | ne** [he | ne]
ellas	**he | ne** [he | ne]
nosotros /nosotras/	**me** [me]
ustedes, vosotros	**te** [te]
usted	**sinä** [sinæ]

ENTRADA	**SISÄÄN** [sisæ:n]
SALIDA	**ULOS** [ulos]
FUERA DE SERVICIO	**EPÄKUNNOSSA** [epækunnossa]
CERRADO	**SULJETTU** [suljettu]

ABIERTO	**AVOIN** [ɑʋojn]
PARA SEÑORAS	**NAISILLE** [nɑjsille]
PARA CABALLEROS	**MIEHILLE** [mieɦille]

VOCABULARIO TEMÁTICO

Esta sección contiene más
de 3.000 de las palabras más
importantes. El diccionario
le proporcionará una ayuda
inestimable mientras viaja al
extranjero, porque las palabras
individuales son a menudo
suficientes para que
le entiendan.
El diccionario incluye una
transcripción adecuada
de cada palabra extranjera

T&P Books Publishing

CONTENIDO DEL DICCIONARIO

T&P Books Publishing

T&P BOOKS

CONCEPTOS BÁSICOS

T&P Books Publishing

1. Los pronombres

yo	minä	[minæ]
tú	sinä	[sinæ]
él	hän	[hæn]
ella	hän	[hæn]
ello	se	[se]
nosotros, -as	me	[me]
vosotros, -as	te	[te]
ellos, ellas	he	[he]

2. Saludos. Salutaciones

¡Hola! (fam.)	Hei!	[hej]
¡Hola! (form.)	Hei!	[hej]
¡Buenos días!	Hyvää huomenta!	[hyʋæ: huomenta]
¡Buenas tardes!	Hyvää päivää!	[hyʋæ: pæjʋæ:]
¡Buenas noches!	Hyvää iltaa!	[hyʋæ: ilta:]
decir hola	tervehtiä	[terʋehtiæ]
¡Hola! (a un amigo)	Moi!	[moj]
saludo (m)	tervehdys	[terʋehdys]
saludar (vt)	tervehtiä	[terʋehtiæ]
¿Cómo estás?	Mitä kuuluu?	[mitæ ku:lu:]
¿Qué hay de nuevo?	Mitä on uutta?	[mitæ on u:tta]
¡Chau! ¡Adiós!	Näkemiin!	[nækemi:n]
¡Hasta pronto!	Pikaisiin näkemiin!	[pikajsi:n nækemi:n]
¡Adiós!	Hyvästi!	[hyʋæsti]
despedirse (vr)	hyvästellä	[hyʋæstellæ]
¡Hasta luego!	Hei hei!	[hej hej]
¡Gracias!	Kiitos!	[ki:tos]
¡Muchas gracias!	Paljon kiitoksia!	[paljon ki:toksia]
De nada	Ole hyvä	[ole hyʋæ]
No hay de qué	Ei kestä kiittää	[ej kestæ ki:ttæ:]
De nada	Ei kestä	[ej kestæ]
¡Disculpa! ¡Disculpe!	Anteeksi!	[ante:ksi]
disculpar (vt)	antaa anteeksi	[anta: ante:ksi]
disculparse (vr)	pyytää anteeksi	[py:tæ: ante:ksi]
Mis disculpas	Pyydän anteeksi	[py:dæn ante:ksi]

¡Perdóneme!	Anteeksi!	[ante:ksi]
perdonar (vt)	antaa anteeksi	[anta: ante:ksi]
por favor	ole hyvä	[ole hyʋæ]

¡No se le olvide!	Älkää unohtako!	[ælkæ: unohtako]
¡Ciertamente!	Tietysti!	[tietysti]
¡Claro que no!	Eipä tietenkään!	[ejpæ tieteŋkæ:n]
¡De acuerdo!	Olen samaa mieltä!	[olen sama: mieltæ]
¡Basta!	Riittää!	[ri:ttæ:]

3. Las preguntas

¿Quién?	Kuka?	[kuka]
¿Qué?	Mikä?	[mikæ]
¿Dónde?	Missä?	[missæ]
¿Adónde?	Mihin?	[miħin]
¿De dónde?	Mistä?	[mistæ]
¿Cuándo?	Milloin?	[millojn]
¿Para qué?	Mitä varten?	[mitæ ʋarten]
¿Por qué?	Miksi?	[miksi]

¿Por qué razón?	Minkä vuoksi?	[miŋkæ ʋuoksi]
¿Cómo?	Miten?	[miten]
¿Qué ...? (~ color)	Millainen?	[millajnen]
¿Cuál?	Mikä?	[mikæ]

¿A quién?	Kenelle?	[kenelle]
¿De quién? (~ hablan ...)	Kenestä?	[kenestæ]
¿De qué?	Mistä?	[mistæ]
¿Con quién?	Kenen kanssa?	[kenen kanssa]

¿Cuánto? (innum.)	Kuinka paljon?	[kujŋka paljon]
¿Cuánto? (num.)	Kuinka monta?	[kuiŋka monta]
¿De quién? (~ es este ...)	Kenen?	[kenen]

4. Las preposiciones

con ... (~ algn)	kanssa	[kanssa]
sin ... (~ azúcar)	ilman	[ilman]
a ... (p.ej. voy a México)	... ssa, ... ssä	[ssa], [ssæ]
de ... (hablar ~)	... sta, ... stä	[sta], [stæ]
antes de ...	ennen	[ennen]
delante de ...	edessä	[edessæ]

debajo	alla	[alla]
sobre ..., encima de ...	yllä	[yllæ]
en, sobre (~ la mesa)	päällä	[pæ:llæ]
de (origen)	... sta, ... stä	[sta], [stæ]

de (fabricado de)	... sta, ... stä	[sta], [stæ]
dentro de ...	päästä	[pæ:stæ]
encima de ...	yli	[yli]

5. Las palabras útiles. Los adverbios. Unidad 1

¿Dónde?	Missä?	[missæ]
aquí (adv)	täällä	[tæ:llæ]
allí (adv)	siellä	[siellæ]

| en alguna parte | jossain | [jossajn] |
| en ninguna parte | ei missään | [ej missæ:n] |

| junto a ... | luona | [luona] |
| junto a la ventana | ikkunan vieressä | [ikkunɑn ʋæressæ] |

¿A dónde?	Mihin?	[miɦin]
aquí (venga ~)	tänne	[tænne]
allí (vendré ~)	tuonne	[tuonne]
de aquí (adv)	täältä	[tæ:ltæ]
de allí (adv)	sieltä	[sieltæ]

| cerca (no lejos) | lähellä | [læɦellæ] |
| lejos (adv) | kaukana | [kaukana] |

cerca de ...	luona	[luona]
al lado (de ...)	vieressä	[ʋieressæ]
no lejos (adv)	lähelle	[læɦelle]

izquierdo (adj)	vasen	[ʋasen]
a la izquierda (situado ~)	vasemmalla	[ʋasemmalla]
a la izquierda (girar ~)	vasemmalle	[ʋasemmalle]

derecho (adj)	oikea	[ojkea]
a la derecha (situado ~)	oikealla	[ojkealla]
a la derecha (girar)	oikealle	[ojkealle]

delante (yo voy ~)	edessä	[edessæ]
delantero (adj)	etumainen	[etumajnen]
adelante (movimiento)	eteenpäin	[ete:npæjn]

detrás de ...	takana	[takana]
desde atrás	takaa	[taka:]
atrás (da un paso ~)	takaisin	[takajsin]

| centro (m), medio (m) | keskikohta | [keski·kohta] |
| en medio (adv) | keskellä | [keskellæ] |

| de lado (adv) | sivulta | [siʋulta] |
| en todas partes | kaikkialla | [kajkkialla] |

alrededor (adv)	ympärillä	[ympærillæ]
de dentro (adv)	sisäpuolelta	[sisæ·puolelta]
a alguna parte	jonnekin	[jonnekin]
todo derecho (adv)	suoraan	[suora:n]
atrás (muévelo para ~)	takaisin	[takajsin]
de alguna parte (adv)	jostakin	[jostakin]
no se sabe de dónde	jostakin	[jostakin]
primero (adv)	ensiksi	[ensiksi]
segundo (adv)	toiseksi	[tojseksi]
tercero (adv)	kolmanneksi	[kolmanneksi]
de súbito (adv)	äkkiä	[ækkiæ]
al principio (adv)	alussa	[alussa]
por primera vez	ensi kerran	[ensi kerran]
mucho tiempo antes ...	kauan ennen kuin	[kauan ennen kuin]
de nuevo (adv)	uudestaan	[u:desta:n]
para siempre (adv)	pysyvästi	[pysyuæsti]
jamás, nunca (adv)	ei koskaan	[ej koska:n]
de nuevo (adv)	taas	[ta:s]
ahora (adv)	nyt	[nyt]
frecuentemente (adv)	usein	[usejn]
entonces (adv)	silloin	[sillojn]
urgentemente (adv)	kiireellisesti	[ki:re:llisesti]
usualmente (adv)	tavallisesti	[tauallisesti]
a propósito, ...	muuten	[mu:ten]
es probable	ehkä	[ehkæ]
probablemente (adv)	todennäköisesti	[toden·nækøjsesti]
tal vez	ehkä	[ehkæ]
además ...	sitä paitsi, ...	[sitæ pajtsi]
por eso ...	siksi	[siksi]
a pesar de ...	huolimatta	[huolimatta]
gracias a ...	avulla	[auulla]
qué (pron)	mikä	[mikæ]
que (conj)	että	[ettæ]
algo (~ le ha pasado)	jokin	[jokin]
algo (~ así)	jotakin	[jotakin]
nada (f)	ei mitään	[ej mitæ:n]
quien	kuka	[kuka]
alguien (viene ~)	joku	[joku]
alguien (¿ha llamado ~?)	joku	[joku]
nadie	ei kukaan	[ej kuka:n]
a ninguna parte	ei mihinkään	[ej miĥiŋkæ:n]
de nadie	ei kenenkään	[ej keneŋkæ:n]
de alguien	jonkun	[joŋkun]
tan, tanto (adv)	niin	[ni:n]

| también (~ habla francés) | myös | [myøs] |
| también (p.ej. Yo ~) | myös | [myøs] |

6. Las palabras útiles. Los adverbios. Unidad 2

¿Por qué?	Miksi?	[miksi]
no se sabe porqué	jostain syystä	[jostɑjn sy:stæ]
porque ...	koska	[koskɑ]
por cualquier razón (adv)	jonkin vuoksi	[joŋkin ʋuoksi]

y (p.ej. uno y medio)	ja	[jɑ]
o (p.ej. té o café)	tai	[tɑj]
pero (p.ej. me gusta, ~)	mutta	[muttɑ]
para (p.ej. es para ti)	varten	[ʋɑrten]

demasiado (adv)	liian	[li:ɑn]
sólo, solamente (adv)	vain	[ʋɑjn]
exactamente (adv)	tarkasti	[tɑrkɑsti]
unos ...,	noin	[nojn]
cerca de ... (~ 10 kg)		

aproximadamente	likimäärin	[likimæ:rin]
aproximado (adj)	likimääräinen	[likimæ:ræjnen]
casi (adv)	melkein	[melkejn]
resto (m)	loput	[loput]

cada (adj)	joka	[jokɑ]
cualquier (adj)	jokainen	[jokɑjnen]
mucho (adv)	paljon	[pɑljon]
muchos (mucha gente)	monet	[monet]
todos	kaikki	[kɑjkki]

a cambio de ...	sen vastineeksi	[sen ʋɑstine:ksi]
en cambio (adv)	sijaan	[sijɑ:n]
a mano (hecho ~)	käsin	[kæsin]
poco probable	tuskin	[tuskin]

probablemente	varmaan	[ʋɑrmɑ:n]
a propósito (adv)	tahallaan	[tɑhɑllɑ:n]
por accidente (adv)	sattumalta	[sɑttumɑltɑ]

muy (adv)	erittäin	[erittæjn]
por ejemplo (adv)	esimerkiksi	[esimerkiksi]
entre (~ nosotros)	välillä	[ʋælillæ]
entre (~ otras cosas)	keskuudessa	[kesku:dessɑ]
tanto (~ gente)	niin monta, niin paljon	[ni:n montɑ], [ni:n pɑljon]
especialmente (adv)	erikoisesti	[erikojsesti]

NÚMEROS. MISCELÁNEA

T&P Books Publishing

cero	nolla	[nolla]
uno	yksi	[yksi]
dos	kaksi	[kaksi]
tres	kolme	[kolme]
cuatro	neljä	[neljæ]

cinco	viisi	[ui:si]
seis	kuusi	[ku:si]
siete	seitsemän	[sejtsemæn]
ocho	kahdeksan	[kahdeksan]
nueve	yhdeksän	[yhdeksæn]

diez	kymmenen	[kymmenen]
once	yksitoista	[yksi·tojsta]
doce	kaksitoista	[kaksi·tojsta]
trece	kolmetoista	[kolme·tojsta]
catorce	neljätoista	[neljæ·tojsta]

quince	viisitoista	[ui:si·tojsta]
dieciséis	kuusitoista	[ku:si·tojsta]
diecisiete	seitsemäntoista	[sejtsemæn·tojsta]
dieciocho	kahdeksantoista	[kahdeksan·tojsta]
diecinueve	yhdeksäntoista	[yhdeksæn·tojsta]

veinte	kaksikymmentä	[kaksi·kymmentæ]
veintiuno	kaksikymmentäyksi	[kaksi·kymmentæ·yksi]
veintidós	kaksikymmentäkaksi	[kaksi·kymmentæ·kaksi]
veintitrés	kaksikymmentäkolme	[kaksi·kymmentæ·kolme]

treinta	kolmekymmentä	[kolme·kymmentæ]
treinta y uno	kolmekymmentäyksi	[kolme·kymmentæ·yksi]
treinta y dos	kolmekymmentäkaksi	[kolme·kymmentæ·kaksi]
treinta y tres	kolmekymmentäkolme	[kolme·kymmentæ·kolme]

cuarenta	neljäkymmentä	[neljæ·kymmentæ]
cuarenta y uno	neljäkymmentäyksi	[neljæ·kymmentæ·yksi]
cuarenta y dos	neljäkymmentäkaksi	[neljæ·kymmentæ·kaksi]
cuarenta y tres	neljäkymmentäkolme	[neljæ·kymmentæ·kolme]

cincuenta	viisikymmentä	[ui:si·kymmentæ]
cincuenta y uno	viisikymmentäyksi	[ui:si·kymmentæ·yksi]
cincuenta y dos	viisikymmentäkaksi	[ui:si·kymmentæ·kaksi]
cincuenta y tres	viisikymmentäkolme	[ui:si·kymmentæ·kolme]

sesenta	kuusikymmentä	[ku:si·kymmentæ]
sesenta y uno	kuusikymmentäyksi	[ku:si·kymmentæ·yksi]
sesenta y dos	kuusikymmentäkaksi	[ku:si·kymmentæ·kaksi]
sesenta y tres	kuusikymmentäkolme	[ku:si·kymmentæ·kolme]

setenta	seitsemänkymmentä	[sejtsemæn·kymmentæ]
setenta y uno	seitsemänkymmentä-yksi	[sejtsemæn·kymmentæ yksi]
setenta y dos	seitsemänkymmentä-kaksi	[sejtsemæn·kymmentæ kaksi]
setenta y tres	seitsemänkymmentä-kolme	[sejtsemæn·kymmentæ kolme]

ochenta	kahdeksankymmentä	[kahdeksan·kymmentæ]
ochenta y uno	kahdeksankymmentä-yksi	[kahdeksan·kymmentæ yksi]
ochenta y dos	kahdeksankymmentä-kaksi	[kahdeksan·kymmentæ kaksi]
ochenta y tres	kahdeksankymmentä-kolme	[kahdeksan·kymmentæ kolme]

noventa	yhdeksänkymmentä	[yhdeksæn·kymmentæ]
noventa y uno	yhdeksänkymmentä-yksi	[yhdeksæn·kymmentæ yksi]
noventa y dos	yhdeksänkymmentä-kaksi	[yhdeksæn·kymmentæ kaksi]
noventa y tres	yhdeksänkymmentä-kolme	[yhdeksæn·kymmentæ kolme]

8. Números cardinales. Unidad 2

cien	sata	[sata]
doscientos	kaksisataa	[kaksi·sata:]
trescientos	kolmesataa	[kolme·sata:]
cuatrocientos	neljäsataa	[neljæ·sata:]
quinientos	viisisataa	[ui:si·sata:]

seiscientos	kuusisataa	[ku:si·sata:]
setecientos	seitsemänsataa	[sejtsemæn·sata:]
ochocientos	kahdeksansataa	[kahdeksan·sata:]
novecientos	yhdeksänsataa	[yhdeksæn·sata:]

mil	tuhat	[tuɦat]
dos mil	kaksituhatta	[kaksi·tuɦatta]
tres mil	kolmetuhatta	[kolme·tuɦatta]
diez mil	kymmenentuhatta	[kymmenen·tuɦatta]
cien mil	satatuhatta	[sata·tuɦatta]

| millón (m) | miljoona | [miljo:na] |
| mil millones | miljardi | [miljardi] |

9. Números ordinales

primero (adj)	ensimmäinen	[ensimmæjnen]
segundo (adj)	toinen	[tojnen]
tercero (adj)	kolmas	[kolmɑs]
cuarto (adj)	neljäs	[neljæs]
quinto (adj)	viides	[ʋi:des]
sexto (adj)	kuudes	[ku:des]
séptimo (adj)	seitsemäs	[sejtsemæs]
octavo (adj)	kahdeksas	[kɑhdeksɑs]
noveno (adj)	yhdeksäs	[yhdeksæs]
décimo (adj)	kymmenes	[kymmenes]

T&P BOOKS

LOS COLORES.
LAS UNIDADES DE MEDIDA

T&P Books Publishing

10. Los colores

color (m)	väri	[ʋæri]
matiz (m)	sävy, värisävy	[sæʋy], [ʋæri·sæʋy]
tono (m)	värisävy	[ʋæri·sæʋy]
arco (m) iris	sateenkaari	[sate:n·kɑ:ri]
blanco (adj)	valkoinen	[ʋalkojnen]
negro (adj)	musta	[musta]
gris (adj)	harmaa	[harmɑ:]
verde (adj)	vihreä	[ʋihreæ]
amarillo (adj)	keltainen	[keltajnen]
rojo (adj)	punainen	[punajnen]
azul (adj)	sininen	[sininen]
azul claro (adj)	vaaleansininen	[ʋɑ:lean·sininen]
rosa (adj)	vaaleanpunainen	[ʋɑ:lean·punajnen]
naranja (adj)	oranssi	[oranssi]
violeta (adj)	violetti	[ʋioletti]
marrón (adj)	ruskea	[ruskeɑ]
dorado (adj)	kultainen	[kultajnen]
argentado (adj)	hopeinen	[hopejnen]
beige (adj)	beige	[bejge]
crema (adj)	kermanvärinen	[kerman·ʋærinen]
turquesa (adj)	turkoosi	[turko:si]
rojo cereza (adj)	kirsikanpunainen	[kirsikan·punajnen]
lila (adj)	sinipunainen	[sini·punajnen]
carmesí (adj)	karmiininpunainen	[karmi:nen·punajnen]
claro (adj)	vaalea	[ʋɑ:lea]
oscuro (adj)	tumma	[tumma]
vivo (adj)	kirkas	[kirkɑs]
de color (lápiz ~)	väri-	[ʋæri]
en colores (película ~)	väri-	[ʋæri]
blanco y negro (adj)	mustavalkoinen	[musta·ʋalkojnen]
unicolor (adj)	yksivärinen	[yksi·ʋærinen]
multicolor (adj)	erivärinen	[eriʋærinen]

11. Las unidades de medida

| peso (m) | paino | [pajno] |
| longitud (f) | pituus | [pitu:s] |

anchura (f)	leveys	[leʋeys]
altura (f)	korkeus	[korkeus]
profundidad (f)	syvyys	[syʋy:s]
volumen (m)	tilavuus	[tilaʋu:s]
área (f)	pinta-ala	[pinta·ala]
gramo (m)	gramma	[gramma]
miligramo (m)	milligramma	[milligramma]
kilogramo (m)	kilo	[kilo]
tonelada (f)	tonni	[tonni]
libra (f)	pauna, naula	[pauna], [naula]
onza (f)	unssi	[unssi]
metro (m)	metri	[metri]
milímetro (m)	millimetri	[millimetri]
centímetro (m)	senttimetri	[senttimetri]
kilómetro (m)	kilometri	[kilometri]
milla (f)	peninkulma	[penin·kulma]
pulgada (f)	tuuma	[tu:ma]
pie (m)	jalka	[jalka]
yarda (f)	jaardi	[ja:rdi]
metro (m) cuadrado	neliömetri	[neliø·metri]
hectárea (f)	hehtaari	[hehta:ri]
litro (m)	litra	[litra]
grado (m)	aste	[aste]
voltio (m)	voltti	[ʋoltti]
amperio (m)	ampeeri	[ampe:ri]
caballo (m) de fuerza	hevosvoima	[heʋos·ʋojma]
cantidad (f)	määrä	[mæ:ræ]
un poco de …	vähän	[ʋæɦæn]
mitad (f)	puoli	[puoli]
docena (f)	tusina	[tusina]
pieza (f)	kappale	[kappale]
dimensión (f)	koko	[koko]
escala (f) (del mapa)	mittakaava	[mitta·ka:ʋa]
mínimo (adj)	minimaalinen	[minima:linen]
el más pequeño (adj)	pienin	[pienin]
medio (adj)	keskikokoinen	[keskikokojnen]
máximo (adj)	maksimaalinen	[maksima:linen]
el más grande (adj)	suurin	[su:rin]

12. Contenedores

tarro (m) de vidrio	lasitölkki	[lasi·tølkki]
lata (f)	purkki	[purkki]

| cubo (m) | sanko | [saŋko] |
| barril (m) | tynnyri | [tynnyri] |

palangana (f)	pesuvati	[pesu·ʋati]
tanque (m)	säiliö	[sæjliø]
petaca (f) (de alcohol)	kenttäpullo	[kenttæ·pullo]
bidón (m) de gasolina	jerrykannu	[jerry·kannu]
cisterna (f)	säiliö	[sæjliø]

taza (f) (mug de cerámica)	muki	[muki]
taza (f) (~ de café)	kuppi	[kuppi]
platillo (m)	teevati	[te:ʋati]
vaso (m) (~ de agua)	juomalasi	[juoma·lasi]
copa (f) (~ de vino)	viinilasi	[ʋi:ni·lasi]
olla (f)	kasari, kattila	[kasari], [kattila]

| botella (f) | pullo | [pullo] |
| cuello (m) de botella | pullonkaula | [pulloŋ·kaula] |

garrafa (f)	karahvi	[karahʋi]
jarro (m) (~ de agua)	kannu	[kannu]
recipiente (m)	astia	[astia]
tarro (m)	ruukku	[ru:kku]
florero (m)	vaasi, maljakko	[ʋa:si], [maljakko]

frasco (m) (~ de perfume)	pullo	[pullo]
frasquito (m)	pieni pullo	[pjeni pullo]
tubo (m)	tuubi	[tu:bi]

saco (m) (~ de azúcar)	säkki	[sækki]
bolsa (f) (~ plástica)	säkki, pussi	[sækki], [pussi]
paquete (m) (~ de cigarrillos)	aski	[aski]

caja (f)	laatikko	[la:tikko]
cajón (m) (~ de madera)	laatikko	[la:tikko]
cesta (f)	kori	[kori]

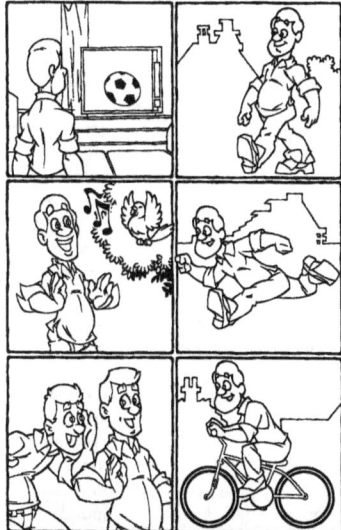

LOS VERBOS
MÁS IMPORTANTES

T&P Books Publishing

13. Los verbos más importantes. Unidad 1

abrir (vt)	avata	[ɑvɑtɑ]
acabar, terminar (vt)	lopettaa	[lopettɑ:]
aconsejar (vt)	neuvoa	[neuvoɑ]
adivinar (vt)	arvata	[ɑrvɑtɑ]
advertir (vt)	varoittaa	[vɑrojttɑ:]
alabarse, jactarse (vr)	kerskua	[kerskuɑ]

almorzar (vi)	syödä lounasta	[syødæ lounɑstɑ]
alquilar (~ una casa)	vuokrata	[vuokrɑtɑ]
amenazar (vt)	uhata	[uɦɑtɑ]
arrepentirse (vr)	katua	[kɑtuɑ]
ayudar (vt)	auttaa	[ɑuttɑ:]
bañarse (vr)	uida	[ujdɑ]

bromear (vi)	vitsailla	[vitsɑjllɑ]
buscar (vt)	etsiä	[etsiæ]
caer (vi)	kaatua	[kɑ:tuɑ]
callarse (vr)	olla vaiti	[ollɑ vɑjti]

| cambiar (vt) | muuttaa | [mu:ttɑ:] |
| castigar, punir (vt) | rangaista | [rɑŋɑjstɑ] |

cavar (vt)	kaivaa	[kɑjvɑ:]
cazar (vi, vt)	metsästää	[metsæstæ:]
cenar (vi)	illastaa	[illɑstɑ:]
cesar (vt)	lakata	[lɑkɑtɑ]

| coger (vt) | ottaa kiinni | [ottɑ: ki:nni] |
| comenzar (vt) | alkaa | [ɑlkɑ:] |

comparar (vt)	verrata	[verrɑtɑ]
comprender (vt)	ymmärtää	[ymmærtæ:]
confiar (vt)	luottaa	[luottɑ:]
confundir (vt)	sekoittaa	[sekojttɑ:]

| conocer (~ a alguien) | tuntea | [tunteɑ] |
| contar (vt) (enumerar) | laskea | [lɑskeɑ] |

contar con …	luottaa	[luottɑ:]
continuar (vt)	jatkaa	[jɑtkɑ:]
controlar (vt)	tarkastaa	[tɑrkɑstɑ:]
correr (vi)	juosta	[juostɑ]
costar (vt)	maksaa	[mɑksɑ:]
crear (vt)	luoda	[luodɑ]

14. Los verbos más importantes. Unidad 2

dar (vt)	antaa	[anta:]
dar una pista	vihjata	[vihjata]
decir (vt)	sanoa	[sanoa]
decorar (para la fiesta)	koristaa	[korista:]
defender (vt)	puolustaa	[puolusta:]
dejar caer	pudottaa	[pudotta:]
desayunar (vi)	syödä aamiaista	[syødæ a:miajsta]
descender (vi)	laskeutua	[laskeutua]
dirigir (administrar)	johtaa	[johta:]
disculpar (vt)	antaa anteeksi	[anta: ante:ksi]
disculparse (vr)	pyytää anteeksi	[py:tæ: ante:ksi]
discutir (vt)	käsitellä	[kæsitellæ]
dudar (vt)	epäillä	[epæjllæ]
encontrar (hallar)	löytää	[løytæ:]
engañar (vi, vt)	pettää	[pettæ:]
entrar (vi)	tulla sisään	[tulla sisæ:n]
enviar (vt)	lähettää	[læhettæ:]
equivocarse (vr)	erehtyä	[erehtyæ]
escoger (vt)	valita	[valita]
esconder (vt)	piilotella	[pi:lotella]
escribir (vt)	kirjoittaa	[kirjoitta:]
esperar (aguardar)	odottaa	[odotta:]
esperar (tener esperanza)	toivoa	[tojvoa]
estar de acuerdo	suostua	[suostua]
estudiar (vt)	oppia	[oppia]
exigir (vt)	vaatia	[va:tia]
existir (vi)	olla olemassa	[olla olemassa]
explicar (vt)	selittää	[selittæ:]
faltar (a las clases)	olla poissa	[olla pojssa]
firmar (~ el contrato)	allekirjoittaa	[allekirjoitta:]
girar (~ a la izquierda)	kääntää	[kæ:ntæ:]
gritar (vi)	huutaa	[hu:ta:]
guardar (conservar)	pitää, säilyttää	[pitæ:], [sæjlyttæ:]
gustar (vi)	pitää	[pitæ:]
hablar (vi, vt)	keskustella	[keskustella]
hacer (vt)	tehdä	[tehdæ]
informar (vt)	tiedottaa	[tiedotta:]
insistir (vi)	vaatia	[va:tia]
insultar (vt)	loukata	[loukata]
interesarse (vr)	kiinnostua	[ki:nnostua]
invitar (vt)	kutsua	[kutsua]

| ir (a pie) | mennä | [mennæ] |
| jugar (divertirse) | leikkiä | [lejkkiæ] |

15. Los verbos más importantes. Unidad 3

leer (vi, vt)	lukea	[lukea]
liberar (ciudad, etc.)	vapauttaa	[ʋapautta:]
llamar (por ayuda)	kutsua	[kutsua]
llegar (vi)	saapua	[sɑ:pua]
llorar (vi)	itkeä	[itkeæ]

matar (vt)	murhata	[murhata]
mencionar (vt)	mainita	[majnita]
mostrar (vt)	näyttää	[næyttæ:]
nadar (vi)	uida	[ujda]

negarse (vr)	kieltäytyä	[kæltæytyæ]
objetar (vt)	vastustaa	[ʋastusta:]
observar (vt)	tarkkailla	[tarkkajlla]
oír (vt)	kuulla	[ku:lla]

olvidar (vt)	unohtaa	[unohta:]
orar (vi)	rukoilla	[rukojlla]
ordenar (mil.)	käskeä	[kæskeæ]
pagar (vi, vt)	maksaa	[maksa:]
pararse (vr)	pysähtyä	[pysæhtyæ]

participar (vi)	osallistua	[osallistua]
pedir (ayuda, etc.)	pyytää	[py:tæ:]
pedir (en restaurante)	tilata	[tilata]
pensar (vi, vt)	ajatella	[ajatella]

percibir (ver)	huomata	[huomata]
perdonar (vt)	antaa anteeksi	[anta: ante:ksi]
permitir (vt)	antaa lupa	[anta: lupa]
pertenecer a ...	kuulua	[ku:lua]

planear (vt)	suunnitella	[su:nnitella]
poder (v aux)	voida	[ʋojda]
poseer (vt)	omistaa	[omista:]
preferir (vt)	pitää enemmän	[pitæ: enemmæn]
preguntar (vt)	kysyä	[kysyæ]

preparar (la cena)	laittaa	[lajtta:]
prever (vt)	odottaa	[odotta:]
probar, tentar (vt)	koettaa	[koetta:]
prometer (vt)	luvata	[luʋata]
pronunciar (vt)	lausua	[lausua]
proponer (vt)	ehdottaa	[ehdotta:]
quebrar (vt)	rikkoa	[rikkoa]

quejarse (vr)	valittaa	[ʋalitta:]
querer (amar)	rakastaa	[rakasta:]
querer (desear)	haluta	[haluta]

16. Los verbos más importantes. Unidad 4

recomendar (vt)	suositella	[suositella]
regañar, reprender (vt)	haukkua	[haukkua]
reírse (vr)	nauraa	[naura:]
repetir (vt)	toistaa	[tojsta:]
reservar (~ una mesa)	varata	[ʋarata]
responder (vi, vt)	vastata	[ʋastata]

robar (vt)	varastaa	[ʋarasta:]
saber (~ algo mas)	tietää	[tietæ:]
salir (vi)	mennä, tulla ulos	[mennæ], [tulla ulos]
salvar (vt)	pelastaa	[pelasta:]
seguir ...	seurata	[seurata]
sentarse (vr)	istua, istuutua	[istua], [istu:tua]

ser necesario	tarvita	[tarʋita]
ser, estar (vi)	olla	[olla]
significar (vt)	tarkoittaa, merkitä	[tarkojtta:], [merkitæ]
sonreír (vi)	hymyillä	[hymyjllæ]
sorprenderse (vr)	ihmetellä	[ihmetellæ]

subestimar (vt)	aliarvioida	[aliarʋiojda]
tener (vt)	omistaa	[omista:]
tener hambre	minulla on nälkä	[minulla on nælkæ]
tener miedo	pelätä	[pelætæ]

tener prisa	pitää kiirettä	[pitæ: ki:rettæ]
tener sed	minulla on jano	[minulla on jano]
tirar, disparar (vi)	ampua	[ampua]
tocar (con las manos)	koskettaa	[kosketta:]
tomar (vt)	ottaa	[otta:]
tomar nota	kirjoittaa muistiin	[kirjoitta: mujsti:n]

trabajar (vi)	työskennellä	[tyøskennellæ]
traducir (vt)	kääntää	[kæ:ntæ:]
unir (vt)	yhdistää	[yhdistæ:]
vender (vt)	myydä	[my:dæ]
ver (vt)	nähdä	[næhdæ]
volar (pájaro, avión)	lentää	[lentæ:]

T&P BOOKS

LA HORA. EL CALENDARIO

T&P Books Publishing

17. Los días de la semana

lunes (m)	maanantai	[mɑːnɑntɑj]
martes (m)	tiistai	[tiːstɑj]
miércoles (m)	keskiviikko	[keskiʋiːkko]
jueves (m)	torstai	[torstɑj]
viernes (m)	perjantai	[perjɑntɑj]
sábado (m)	lauantai	[lɑuɑntɑj]
domingo (m)	sunnuntai	[sunnuntɑj]

hoy (adv)	tänään	[tænæːn]
mañana (adv)	huomenna	[huomennɑ]
pasado mañana	ylihuomenna	[yliɦuomennɑ]
ayer (adv)	eilen	[ejlen]
anteayer (adv)	toissa päivänä	[tojssɑ pæjuænæ]

día (m)	päivä	[pæjuæ]
día (m) de trabajo	työpäivä	[tyø·pæjuæ]
día (m) de fiesta	juhlapäivä	[juhlɑ·pæjuæ]
día (m) de descanso	vapaapäivä	[ʋɑpɑː·pæjuæ]
fin (m) de semana	viikonloppu	[ʋiːkon·loppu]

todo el día	koko päivän	[koko pæjuæn]
al día siguiente	ensi päivänä	[ensi pæjuænæ]
dos días atrás	kaksi päivää sitten	[kɑksi pæjuæ: sitten]
en vísperas (adv)	aattona	[ɑːttonɑ]
diario (adj)	päivittäinen	[pæjuittæjnen]
cada día (adv)	joka päivä	[jokɑ pæjuæ]

semana (f)	viikko	[ʋiːkko]
semana (f) pasada	viime viikolla	[ʋiːme ʋiːkollɑ]
semana (f) que viene	ensi viikolla	[ensi ʋiːkollɑ]
semanal (adj)	viikoittainen	[ʋiːkojttɑjnen]
cada semana (adv)	joka viikko	[jokɑ ʋiːkko]
2 veces por semana	kaksi kertaa viikossa	[kɑksi kertɑ: ʋiːkossɑ]
todos los martes	joka tiistai	[jokɑ tiːstɑj]

18. Las horas. El día y la noche

mañana (f)	aamu	[ɑːmu]
por la mañana	aamulla	[ɑːmullɑ]
mediodía (m)	puolipäivä	[puoli·pæjuæ]
por la tarde	iltapäivällä	[iltɑ·pæjuællæ]
noche (f)	ilta	[iltɑ]

por la noche	illalla	[illɑllɑ]
noche (f) (p.ej. 2:00 a.m.)	yö	[yø]
por la noche	yöllä	[yøllæ]
medianoche (f)	puoliyö	[puoli·yø]
segundo (m)	sekunti	[sekunti]
minuto (m)	minuutti	[minu:tti]
hora (f)	tunti	[tunti]
media hora (f)	puoli tuntia	[puoli tuntiɑ]
cuarto (m) de hora	vartti	[ʋɑrtti]
quince minutos	viisitoista minuuttia	[ʋi:si·tojstɑ minu:ttiɑ]
veinticuatro horas	vuorokausi	[ʋuoro·kɑusi]
salida (f) del sol	auringonnousu	[ɑuriŋon·nousu]
amanecer (m)	sarastus	[sɑrɑstus]
madrugada (f)	varhainen aamu	[ʋɑrhɑjnen ɑ:mu]
puesta (f) del sol	auringonlasku	[ɑuriŋon·lɑsku]
de madrugada	aamulla aikaisin	[ɑ:mullɑ ɑjkɑjsin]
esta mañana	tänä aamuna	[tænæ ɑ:munɑ]
mañana por la mañana	ensi aamuna	[ensi ɑ:munɑ]
esta tarde	tänä päivänä	[tænæ pæjʋænæ]
por la tarde	iltapäivällä	[iltɑ·pæjʋællæ]
mañana por la tarde	huomisiltapäivällä	[huomis·iltɑ·pæjʋællæ]
esta noche	tänä iltana	[tænæ iltɑnɑ]
(p.ej. 8:00 p.m.)		
mañana por la noche	ensi iltana	[ensi iltɑnɑ]
a las tres en punto	tasan kolmelta	[tɑsɑn kolmeltɑ]
a eso de las cuatro	noin neljältä	[nojn neljæltæ]
para las doce	kahdentoista mennessä	[kɑhdentojstɑ menessæ]
dentro de veinte minutos	kahdenkymmenen minuutin kuluttua	[kɑhdeŋkymmenen minu:tin kuluttuɑ]
dentro de una hora	tunnin kuluttua	[tunnin kuluttuɑ]
a tiempo (adv)	ajoissa	[ɑjoissɑ]
… menos cuarto	varttia vaille	[ʋɑrttiɑ ʋɑjlle]
durante una hora	tunnin kuluessa	[tunnin kuluessɑ]
cada quince minutos	viidentoista minuutin välein	[ʋi:den·tojstɑ minu:tin ʋælejn]
día y noche	ympäri vuorokauden	[ympæri ʋuoro kɑuden]

19. Los meses. Las estaciones

enero (m)	tammikuu	[tɑmmiku:]
febrero (m)	helmikuu	[helmiku:]
marzo (m)	maaliskuu	[mɑ:lisku:]

abril (m)	huhtikuu	[huhtiku:]
mayo (m)	toukokuu	[toukoku:]
junio (m)	kesäkuu	[kesæku:]

julio (m)	heinäkuu	[hejnæku:]
agosto (m)	elokuu	[eloku:]
septiembre (m)	syyskuu	[sy:sku:]
octubre (m)	lokakuu	[lokɑku:]
noviembre (m)	marraskuu	[mɑrrɑsku:]
diciembre (m)	joulukuu	[jouluku:]

primavera (f)	kevät	[keυæt]
en primavera	keväällä	[keυæ:llæ]
de primavera (adj)	keväinen	[keυæjnen]

verano (m)	kesä	[kesæ]
en verano	kesällä	[kesællæ]
de verano (adj)	kesäinen	[kesæjnen]

otoño (m)	syksy	[syksy]
en otoño	syksyllä	[syksyllæ]
de otoño (adj)	syksyinen	[syksyjnen]

invierno (m)	talvi	[tɑlυi]
en invierno	talvella	[tɑlυellɑ]
de invierno (adj)	talvinen	[tɑlυinen]

mes (m)	kuukausi	[ku:kɑusi]
este mes	tässä kuussa	[tæssæ ku:ssɑ]
al mes siguiente	ensi kuussa	[ensi ku:ssɑ]
el mes pasado	viime kuussa	[υi:me ku:ssɑ]

hace un mes	kuukausi sitten	[ku:kɑusi sitten]
dentro de un mes	kuukauden kuluttua	[ku:kɑuden kuluttuɑ]
dentro de dos meses	kahden kuukauden kuluttua	[kɑhden ku:kɑuden kuluttuɑ]
todo el mes	koko kuukauden	[koko ku:kɑuden]
todo un mes	koko kuukauden	[koko ku:kɑuden]

mensual (adj)	kuukautinen	[ku:kɑutinen]
mensualmente (adv)	kuukausittain	[ku:kɑusittɑjn]
cada mes	joka kuukausi	[jokɑ ku:kɑusi]
dos veces por mes	kaksi kertaa kuukaudessa	[kɑksi kertɑ: ku:kɑudessɑ]

año (m)	vuosi	[υuosi]
este año	tänä vuonna	[tænæ υuonnɑ]
el próximo año	ensi vuonna	[ensi υuonnɑ]
el año pasado	viime vuonna	[υi:me υuonnɑ]

| hace un año | vuosi sitten | [υuosi sitten] |
| dentro de un año | vuoden kuluttua | [υuoden kuluttuɑ] |

dentro de dos años	**kahden vuoden kuluttua**	[kahden ʋuoden kuluttua]
todo el año	**koko vuoden**	[koko ʋuoden]
todo un año	**koko vuoden**	[koko ʋuoden]
cada año	**joka vuosi**	[joka ʋuosi]
anual (adj)	**vuosittainen**	[ʋuosittajnen]
anualmente (adv)	**vuosittain**	[ʋuosittajn]
cuatro veces por año	**neljä kertaa vuodessa**	[neljæ kerta: ʋuodessa]
fecha (f) (la ~ de hoy es …)	**päivämäärä**	[pæjʋæ·mæ:ræ]
fecha (f) (~ de entrega)	**päivämäärä**	[pæjʋæ·mæ:ræ]
calendario (m)	**kalenteri**	[kalenteri]
medio año (m)	**puoli vuotta**	[puoli ʋuotta]
seis meses	**vuosipuolisko**	[ʋuosi·puolisko]
estación (f)	**vuodenaika**	[ʋuoden·ajka]
siglo (m)	**vuosisata**	[ʋuosi·sata]

T&P BOOKS

EL VIAJE. EL HOTEL

T&P Books Publishing

turismo (m)	matkailu	[mɑtkɑjlu]
turista (m)	matkailija	[mɑtkɑjlijɑ]
viaje (m)	matka	[mɑtkɑ]
aventura (f)	seikkailu	[sejkkɑjlu]
viaje (m) (p.ej. ~ en coche)	matka	[mɑtkɑ]

vacaciones (f pl)	loma	[lomɑ]
estar de vacaciones	olla lomalla	[ollɑ lomɑllɑ]
descanso (m)	lepo	[lepo]

tren (m)	juna	[junɑ]
en tren	junalla	[junɑllɑ]
avión (m)	lentokone	[lento·kone]
en avión	lentokoneella	[lentokone:llɑ]
en coche	autolla	[ɑutollɑ]
en barco	laivalla	[lɑjʋɑllɑ]

equipaje (m)	matkatavara	[mɑtkɑ·tɑʋɑrɑ]
maleta (f)	matkalaukku	[mɑtkɑ·lɑukku]
carrito (m) de equipaje	matkatavarakärryt	[mɑtkɑ·tɑʋɑrɑt·kærryt]
pasaporte (m)	passi	[pɑssi]
visado (m)	viisumi	[ʋi:sumi]
billete (m)	lippu	[lippu]
billete (m) de avión	lentolippu	[lento·lippu]

guía (f) (libro)	opaskirja	[opɑs·kirjɑ]
mapa (m)	kartta	[kɑrttɑ]
área (f) (~ rural)	seutu	[seutu]
lugar (m)	paikka	[pɑjkkɑ]

exotismo (m)	eksoottisuus	[ekso:ttisu:s]
exótico (adj)	eksoottinen	[ekso:ttinen]
asombroso (adj)	ihmeellinen	[ihme:llinen]

grupo (m)	ryhmä	[ryhmæ]
excursión (f)	ekskursio, retki	[ekskursio], [retki]
guía (m) (persona)	opas	[opɑs]

| hotel (m) | hotelli | [hotelli] |
| motel (m) | motelli | [motelli] |

de tres estrellas	kolme tähteä	[kolme tæhteæ]
de cinco estrellas	viisi tähteä	[ʋi:si tæhteæ]
hospedarse (vr)	oleskella	[oleskella]

habitación (f)	huone	[huone]
habitación (f) individual	yhden hengen huone	[yhden heŋen huone]
habitación (f) doble	kahden hengen huone	[kahden heŋen huone]
reservar una habitación	varata huone	[ʋarata huone]

media pensión (f)	puolihoito	[puoli·hojto]
pensión (f) completa	täysihoito	[tæysi·hojto]

con baño	jossa on kylpyamme	[jossa on kylpyamme]
con ducha	on suihku	[on sujhku]
televisión (f) satélite	satelliittitelevisio	[satelli:tti·teleʋisio]
climatizador (m)	ilmastointilaite	[ilmastojnti·lajte]
toalla (f)	pyyhe	[py:he]
llave (f)	avain	[aʋajn]

administrador (m)	hallintovirkamies	[hallinto·ʋirka·mies]
camarera (f)	huonesiivooja	[huone·si:ʋo:ja]
maletero (m)	kantaja	[kantaja]
portero (m)	vahtimestari	[ʋahti·mestari]

restaurante (m)	ravintola	[raʋintola]
bar (m)	baari	[ba:ri]
desayuno (m)	aamiainen	[a:miajnen]
cena (f)	illallinen	[illallinen]
buffet (m) libre	noutopöytä	[nouto·pøytæ]

vestíbulo (m)	eteishalli	[etejs·halli]
ascensor (m)	hissi	[hissi]

NO MOLESTAR	ÄLKÄÄ HÄIRITKÖ	[ælkæ: hæjritkø]
PROHIBIDO FUMAR	TUPAKOINTI KIELLETTY	[tupakojnti kielletty]

22. El turismo. La excursión

monumento (m)	patsas	[patsas]
fortaleza (f)	linna	[linna]
palacio (m)	palatsi	[palatsi]
castillo (m)	linna	[linna]
torre (f)	torni	[torni]
mausoleo (m)	mausoleumi	[mausoleumi]

arquitectura (f)	arkkitehtuuri	[arkkitehtu:ri]
medieval (adj)	keskiaikainen	[keskiajkajnen]
antiguo (adj)	vanha	[ʋanha]
nacional (adj)	kansallinen	[kansallinen]
conocido (adj)	tunnettu	[tunnettu]

turista (m)	**matkailija**	[mɑtkɑjlijɑ]
guía (m) (persona)	**opas**	[opɑs]
excursión (f)	**ekskursio, retki**	[ekskursio], [retki]
mostrar (vt)	**näyttää**	[næyttæː]
contar (una historia)	**kertoa**	[kertoɑ]
encontrar (hallar)	**löytää**	[løytæː]
perderse (vr)	**hävitä**	[hæʋitæ]
plano (m) (~ de metro)	**reittikartta**	[rejtti·kɑrttɑ]
mapa (m) (~ de la ciudad)	**asemakaava**	[ɑsemɑ·kɑːʋɑ]
recuerdo (m)	**matkamuisto**	[mɑtkɑ·mujsto]
tienda (f) de regalos	**matkamuistokauppa**	[mɑtkɑ·mujsto·kɑuppɑ]
hacer fotos	**valokuvata**	[ʋɑlokuʋɑtɑ]
fotografiarse (vr)	**valokuvauttaa itsensä**	[ʋɑlokuʋɑuttɑː itsensæ]

T&P BOOKS

EL TRANSPORTE

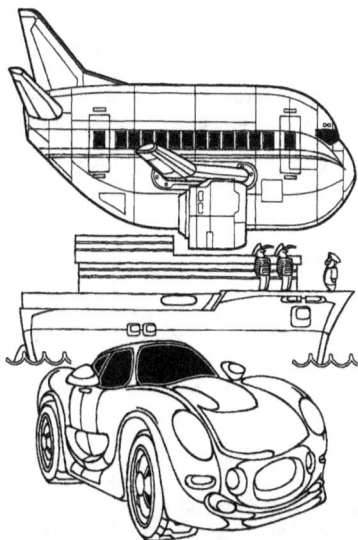

T&P Books Publishing

aeropuerto (m)	lentoasema	[lento·asema]
avión (m)	lentokone	[lento·kone]
compañía (f) aérea	lentoyhtiö	[lento·yhtiø]
controlador (m) aéreo	lennonjohtaja	[lennon·johtaja]
despegue (m)	lähtö	[læhtø]
llegada (f)	saapuvat	[sɑ:puʋɑt]
llegar (en avión)	lentää	[lentæ:]
hora (f) de salida	lähtöaika	[læhtø·ɑjkɑ]
hora (f) de llegada	saapumisaika	[sɑ:pumis·ɑjkɑ]
retrasarse (vr)	myöhästyä	[myøhæstyæ]
retraso (m) de vuelo	lennon viivästyminen	[lennon ʋi:ʋæstyminen]
pantalla (f) de información	tiedotustaulu	[tiedotus·tɑulu]
información (f)	tiedotus	[tiedotus]
anunciar (vt)	ilmoittaa	[ilmojtta:]
vuelo (m)	lento	[lento]
aduana (f)	tulli	[tulli]
aduanero (m)	tullimies	[tullimies]
declaración (f) de aduana	tullausilmoitus	[tullɑus·ilmojtus]
rellenar (vt)	täyttää	[tæyttæ:]
rellenar la declaración	täyttää tullausilmoitus	[tæyttæ: tullɑus ilmojtus]
control (m) de pasaportes	passintarkastus	[pɑssin·tɑrkɑstus]
equipaje (m)	matkatavara	[mɑtkɑ·tɑʋɑrɑ]
equipaje (m) de mano	käsimatkatavara	[kæsi·mɑtkɑ·tɑʋɑrɑ]
carrito (m) de equipaje	matkatavarakärryt	[mɑtkɑ·tɑʋɑrɑt·kærryt]
aterrizaje (m)	lasku	[lɑsku]
pista (f) de aterrizaje	laskurata	[lɑsku·rɑtɑ]
aterrizar (vi)	laskeutua	[lɑskeutuɑ]
escaleras (f pl) (de avión)	laskuportaat	[lɑsku·portɑ:t]
facturación (f) (check-in)	lähtöselvitys	[læhtø·selʋitys]
mostrador (m) de facturación	rekisteröintitiski	[rekisterøinti·tiski]
hacer el check-in	ilmoittautua	[ilmojttautuɑ]
tarjeta (f) de embarque	koneeseennousukortti	[kone:se:n·nousu·kortti]
puerta (f) de embarque	lentokoneen pääsy	[lento·kone:n pæ:sy]
tránsito (m)	kauttakulku	[kɑuttɑ·kulku]

esperar (aguardar)	odottaa	[odotta:]
zona (f) de preembarque	odotussali	[odotus·sali]
despedir (vt)	saattaa ulos	[sɑːtta: ulos]
despedirse (vr)	hyvästellä	[hyʋæstellæ]

24. El avión

avión (m)	lentokone	[lento·kone]
billete (m) de avión	lentolippu	[lento·lippu]
compañía (f) aérea	lentoyhtiö	[lento·yhtiø]
aeropuerto (m)	lentoasema	[lento·asema]
supersónico (adj)	yliääni-	[yliæ:ni-]

comandante (m)	lentokoneen päällikkö	[lento·kone:n pæ:llikkø]
tripulación (f)	miehistö	[mæhistø]
piloto (m)	lentäjä	[lentæjæ]
azafata (f)	lentoemäntä	[lento·emæntæ]
navegador (m)	perämies	[peræmies]

alas (f pl)	siivet	[si:ʋet]
cola (f)	pyrstö	[pyrstø]
cabina (f)	ohjaamo	[ohjɑ:mo]
motor (m)	moottori	[mo:ttori]
tren (m) de aterrizaje	laskuteline	[lɑsku·teline]
turbina (f)	turbiini	[turbi:ni]

hélice (f)	propelli	[propelli]
caja (f) negra	musta laatikko	[musta lɑ:tikko]
timón (m)	ohjaussauva	[ohjɑus·sɑuʋɑ]
combustible (m)	polttoaine	[poltto·ajne]
instructivo (m) de seguridad	turvaohje	[turʋɑ·ohje]
respirador (m) de oxígeno	happinaamari	[happinɑ:mari]
uniforme (m)	univormu	[uniʋormu]
chaleco (m) salvavidas	pelastusliivi	[pelastus·li:ʋi]
paracaídas (m)	laskuvarjo	[lɑsku·ʋarjo]

despegue (m)	ilmaannousu	[ilmɑ:n·nousu]
despegar (vi)	nousta ilmaan	[nousta ilmɑ:n]
pista (f) de despegue	kiitorata	[ki:to·rata]

visibilidad (f)	näkyvyys	[nækyʋy:s]
vuelo (m)	lento	[lento]
altura (f)	korkeus	[korkeus]
pozo (m) de aire	ilmakuoppa	[ilma·kuoppa]

asiento (m)	paikka	[pɑjkkɑ]
auriculares (m pl)	kuulokkeet	[ku:lokke:t]
mesita (f) plegable	tarjotin	[tarjotin]
ventana (f)	ikkuna	[ikkuna]
pasillo (m)	käytävä	[kæytæʋæ]

25. El tren

tren (m)	juna	[juna]
tren (m) de cercanías	sähköjuna	[sæhkø·juna]
tren (m) rápido	pikajuna	[pika·juna]
locomotora (f) diésel	moottoriveturi	[mo:ttori·ueturi]
tren (m) de vapor	höyryveturi	[høyry·ueturi]

| coche (m) | vaunu | [uaunu] |
| coche (m) restaurante | ravintolavaunu | [rauintola·uaunu] |

rieles (m pl)	ratakiskot	[rata·kiskot]
ferrocarril (m)	rautatie	[rauta·tie]
traviesa (f)	ratapölkky	[rata·pølkky]

plataforma (f)	asemalaituri	[asema·lajturi]
vía (f)	raide	[rajde]
semáforo (m)	siipiopastin	[si:pi·opastin]
estación (f)	asema	[asema]

maquinista (m)	junankuljettaja	[yneŋ·kuljettaja]
maletero (m)	kantaja	[kantaja]
mozo (m) del vagón	vaununhoitaja	[uaunun·hojtaja]
pasajero (m)	matkustaja	[matkustaja]
revisor (m)	tarkastaja	[tarkastaja]

| corredor (m) | käytävä | [kæytæuæ] |
| freno (m) de urgencia | hätäjarru | [hætæ·jarru] |

compartimiento (m)	vaununosasto	[uaunun·osasto]
litera (f)	vuode	[uuode]
litera (f) de arriba	ylävuode	[ylæ·uuode]
litera (f) de abajo	alavuode	[ala·uuode]
ropa (f) de cama	vuodevaatteet	[uuode·ua:tte:t]

billete (m)	lippu	[lippu]
horario (m)	aikataulu	[ajka·taulu]
pantalla (f) de información	aikataulu	[ajka·taulu]

partir (vi)	lähteä	[læhteæ]
partida (f) (del tren)	lähtö	[læhtø]
llegar (tren)	saapua	[sa:pua]
llegada (f)	saapuminen	[sa:puminen]

llegar en tren	tulla junalla	[tulla junalla]
tomar el tren	nousta junaan	[nousta juna:n]
bajar del tren	nousta junasta	[nousta junasta]

descarrilamiento (m)	junaturma	[juna·turma]
descarrilarse (vr)	suistua raiteilta	[sujstua rajtejlta]
tren (m) de vapor	höyryveturi	[høyry·ueturi]

fogonero (m)	lämmittäjä	[læmmittæjæ]
hogar (m)	tulipesä	[tulipesæ]
carbón (m)	hiili	[hi:li]

26. El barco

barco, buque (m)	laiva	[lajʋɑ]
navío (m)	alus	[ɑlus]

buque (m) de vapor	höyrylaiva	[højry·lajʋɑ]
motonave (f)	jokilaiva	[joki·lajʋɑ]
trasatlántico (m)	risteilijä	[ristejlijæ]
crucero (m)	risteilijä	[ristejlijæ]

yate (m)	jahti	[jɑhti]
remolcador (m)	hinausköysi	[hinɑus·køysi]
barcaza (f)	proomu	[pro:mu]
ferry (m)	lautta	[lɑuttɑ]

velero (m)	purjealus	[purje·ɑlus]
bergantín (m)	brigantiini	[brigɑnti:ni]

rompehielos (m)	jäänmurtaja	[jæ:n·murtɑjɑ]
submarino (m)	sukellusvene	[sukellus·ʋene]

bote (m) de remo	jolla	[jollɑ]
bote (m)	pelastusvene	[pelɑstus·ʋene]
bote (m) salvavidas	pelastusvene	[pelɑstus·ʋene]
lancha (f) motora	moottorivene	[mo:ttori·ʋene]

capitán (m)	kapteeni	[kɑpte:ni]
marinero (m)	matruusi	[mɑtru:si]
marino (m)	merimies	[merimies]
tripulación (f)	miehistö	[mæhistø]

contramaestre (m)	pursimies	[pursimies]
grumete (m)	laivapoika	[lajʋɑ·pojkɑ]
cocinero (m) de abordo	kokki	[kokki]
médico (m) del buque	laivalääkäri	[lajʋɑ·læ:kæri]

cubierta (f)	kansi	[kɑnsi]
mástil (m)	masto	[mɑsto]
vela (f)	purje	[purje]

bodega (f)	ruuma	[ru:mɑ]
proa (f)	keula	[keulɑ]
popa (f)	perä	[peræ]
remo (m)	airo	[ɑjro]
hélice (f)	potkuri	[potkuri]
camarote (m)	hytti	[hytti]

sala (f) de oficiales	upseerimessi	[upseːriˑmessi]
sala (f) de máquinas	konehuone	[koneˑhuone]
puente (m) de mando	komentosilta	[komentoˑsilta]
sala (f) de radio	radiohuone	[radioˑhuone]
onda (f)	aalto	[aːlto]
cuaderno (m) de bitácora	laivapäiväkirja	[lajʊaˑpæjʊæˑkirja]
anteojo (m)	kaukoputki	[kaukoˑputki]
campana (f)	kello	[kello]
bandera (f)	lippu	[lippu]
cabo (m) (maroma)	köysi	[køysi]
nudo (m)	solmu	[solmu]
pasamano (m)	käsipuu	[kæsipuː]
pasarela (f)	laskusilta	[laskuˑsilta]
ancla (f)	ankkuri	[aŋkkuri]
levar ancla	nostaa ankkuri	[nostaː aŋkkuri]
echar ancla	heittää ankkuri	[hejttæː aŋkkuri]
cadena (f) del ancla	ankkuriketju	[aŋkkuriˑketju]
puerto (m)	satama	[satama]
embarcadero (m)	laituri	[lajturi]
amarrar (vt)	kiinnittyä	[kiːnnittyæ]
desamarrar (vt)	lähteä	[læhteæ]
viaje (m)	matka	[matka]
crucero (m) (viaje)	laivamatka	[lajʊaˑmatka]
derrota (f) (rumbo)	kurssi	[kurssi]
itinerario (m)	reitti	[rejtti]
canal (m) navegable	väylä	[ʊæylæ]
bajío (m)	matalikko	[matalikko]
encallar (vi)	ajautua matalikolle	[ajautua matalikolle]
tempestad (f)	myrsky	[myrsky]
señal (f)	merkki	[merkki]
hundirse (vr)	upota	[upota]
¡Hombre al agua!	Mies yli laidan!	[mies yli lajdan]
SOS	SOS	[sos]
aro (m) salvavidas	pelastusrengas	[pelastusˑreŋas]

LA CIUDAD

T&P Books Publishing

27. El transporte urbano

autobús (m)	bussi	[bussi]
tranvía (m)	raitiovaunu	[rajtio·ʋɑunu]
trolebús (m)	johdinauto	[johdin·auto]
itinerario (m)	reitti	[rejtti]
número (m)	numero	[numero]
ir en ...	mennä ...	[mennæ]
tomar (~ el autobús)	nousta	[nousta]
bajar (~ del tren)	astua ulos	[astua ulos]
parada (f)	pysäkki	[pysækki]
próxima parada (f)	seuraava pysäkki	[seura:ʋa pysækki]
parada (f) final	pääteasema	[pæ:teasema]
horario (m)	aikataulu	[ajka·taulu]
esperar (aguardar)	odottaa	[odotta:]
billete (m)	lippu	[lippu]
precio (m) del billete	kyytimaksu	[ky:ti·maksu]
cajero (m)	kassanhoitaja	[kassan·hojtaja]
control (m) de billetes	tarkastus	[tarkastus]
revisor (m)	tarkastaja	[tarkastaja]
llegar tarde (vi)	myöhästyä	[myøhæstyæ]
perder (~ el tren)	myöhästyä	[myøhæstyæ]
tener prisa	olla kiire	[olla ki:re]
taxi (m)	taksi	[taksi]
taxista (m)	taksinkuljettaja	[taksiŋ·kuljettaja]
en taxi	taksilla	[taksilla]
parada (f) de taxi	taksiasema	[taksi·asema]
llamar un taxi	tilata taksi	[tilata taksi]
tomar un taxi	ottaa taksi	[otta: taksi]
tráfico (m)	liikenne	[li:kenne]
atasco (m)	ruuhka	[ru:hka]
horas (f pl) de punta	ruuhka-aika	[ru:hka·ajka]
aparcar (vi)	pysäköidä	[pysækøjdæ]
aparcar (vt)	pysäköidä	[pysækøjdæ]
aparcamiento (m)	parkkipaikka	[parkki·pajkka]
metro (m)	metro	[metro]
estación (f)	asema	[asema]
ir en el metro	mennä metrolla	[mennæ metrollla]

| tren (m) | juna | [juna] |
| estación (f) | rautatieasema | [rautatie·asema] |

28. La ciudad. La vida en la ciudad

ciudad (f)	kaupunki	[kaupuŋki]
capital (f)	pääkaupunki	[pæ:kaupuŋki]
aldea (f)	kylä	[kylæ]

plano (m) de la ciudad	asemakaava	[asema·ka:ʋa]
centro (m) de la ciudad	keskusta	[keskusta]
suburbio (m)	esikaupunki	[esikaupuŋki]
suburbano (adj)	esikaupunki-	[esikaupuŋki]

arrabal (m)	laitakaupunginosa	[lajta·kaupunginosa]
afueras (f pl)	ympäristö	[ympæristø]
barrio (m)	kortteli	[kortteli]
zona (f) de viviendas	asuinkortteli	[asuiŋ·kortteli]

tráfico (m)	liikenne	[li:kenne]
semáforo (m)	liikennevalot	[li:kenne·ʋalot]
transporte (m) urbano	julkiset kulkuvälineet	[julkiset kulkuʋæline:t]
cruce (m)	risteys	[risteys]

paso (m) de peatones	suojatie	[suojatæ]
paso (m) subterráneo	alikäytävä	[ali·kæytæʋæ]
cruzar (vt)	ylittää	[ylittæ:]
peatón (m)	jalankulkija	[jalaŋkulkija]
acera (f)	jalkakäytävä	[jalka·kæytæʋæ]

puente (m)	silta	[silta]
muelle (m)	rantakatu	[ranta·katu]
fuente (f)	suihkulähde	[sujhku·læhde]

alameda (f)	lehtikuja	[lehti·kuja]
parque (m)	puisto	[pujsto]
bulevar (m)	bulevardi	[buleʋardi]
plaza (f)	aukio	[aukio]
avenida (f)	valtakatu	[ʋalta·katu]
calle (f)	katu	[katu]
callejón (m)	kuja	[kuja]
callejón (m) sin salida	umpikuja	[umpikuja]

casa (f)	talo	[talo]
edificio (m)	rakennus	[rakennus]
rascacielos (m)	pilvenpiirtäjä	[pilʋen·pi:rtæjæ]

fachada (f)	julkisivu	[julki·siʋu]
techo (m)	katto	[katto]
ventana (f)	ikkuna	[ikkuna]

arco (m)	kaari	[kɑ:ri]
columna (f)	pylväs	[pylʋæs]
esquina (f)	kulma	[kulmɑ]

escaparate (f)	näyteikkuna	[næyte·ikkunɑ]
letrero (m) (~ luminoso)	kauppakyltti	[kɑuppɑ·kyltti]
cartel (m)	juliste	[juliste]
cartel (m) publicitario	mainosjuliste	[mɑjnos·juliste]
valla (f) publicitaria	mainoskilpi	[mɑjnos·kilpi]

basura (f)	jäte	[jæte]
cajón (m) de basura	roskis	[roskis]
tirar basura	roskata	[roskɑtɑ]
basurero (m)	kaatopaikka	[kɑ:to·pɑjkkɑ]

cabina (f) telefónica	puhelinkoppi	[puɦeliŋ·koppi]
farola (f)	lyhtypylväs	[lyhty·pylʋæs]
banco (m) (del parque)	penkki	[peŋkki]

policía (m)	poliisi	[poli:si]
policía (f) (~ nacional)	poliisi	[poli:si]
mendigo (m)	kerjäläinen	[kerjælæjnen]
persona (f) sin hogar	koditon	[koditon]

29. Las instituciones urbanas

tienda (f)	kauppa	[kɑuppɑ]
farmacia (f)	apteekki	[ɑpte:kki]
óptica (f)	optiikka	[opti:kkɑ]
centro (m) comercial	kauppakeskus	[kɑuppɑ·keskus]
supermercado (m)	supermarketti	[super·mɑrketti]

panadería (f)	leipäkauppa	[lejpæ·kɑuppɑ]
panadero (m)	leipuri	[lejpuri]
pastelería (f)	konditoria	[konditoriɑ]
tienda (f) de comestibles	sekatavarakauppa	[sekɑtɑʋɑrɑ·kɑuppɑ]
carnicería (f)	lihakauppa	[liɦɑ·kɑuppɑ]

| verdulería (f) | vihanneskauppa | [ʋiɦɑnnes·kɑuppɑ] |
| mercado (m) | kauppatori | [kɑuppɑ·tori] |

cafetería (f)	kahvila	[kɑhʋilɑ]
restaurante (m)	ravintola	[rɑʋintolɑ]
cervecería (f)	pubi	[pubi]
pizzería (f)	pizzeria	[pitseriɑ]

peluquería (f)	parturinliike	[pɑrturin·li:ke]
oficina (f) de correos	posti	[posti]
tintorería (f)	kemiallinen pesu	[kemiɑllinen pesu]
estudio (m) fotográfico	valokuvastudio	[ʋɑlokuʋɑ·studio]

zapatería (f)	kenkäkauppa	[keŋkæ·kauppɑ]
librería (f)	kirjakauppa	[kirjɑ·kauppɑ]
tienda (f) deportiva	urheilukauppa	[urhejlu·kauppɑ]

arreglos (m pl) de ropa	vaatteiden korjaus	[ʋɑːttejden korjɑus]
alquiler (m) de ropa	vaate vuokralle	[ʋɑːte ʋuokrɑlle]
videoclub (m)	elokuvien vuokra	[elokuʋien ʋuokrɑ]

circo (m)	sirkus	[sirkus]
zoológico (m)	eläintarha	[elæjn·tɑrhɑ]
cine (m)	elokuvateatteri	[elokuʋɑ·teatteri]
museo (m)	museo	[museo]
biblioteca (f)	kirjasto	[kirjɑsto]

teatro (m)	teatteri	[teatteri]
ópera (f)	ooppera	[oːpperɑ]
club (m) nocturno	yökerho	[yø·kerho]
casino (m)	kasino	[kɑsino]

mezquita (f)	moskeija	[moskejɑ]
sinagoga (f)	synagoga	[synɑgogɑ]
catedral (f)	tuomiokirkko	[tuomio·kirkko]
templo (m)	temppeli	[temppeli]
iglesia (f)	kirkko	[kirkko]

instituto (m)	instituutti	[institu:tti]
universidad (f)	yliopisto	[yli·opisto]
escuela (f)	koulu	[koulu]

prefectura (f)	prefektuuri	[prefektu:ri]
alcaldía (f)	kaupunginhallitus	[kɑupuŋin·hɑllitus]
hotel (m)	hotelli	[hotelli]
banco (m)	pankki	[pɑŋkki]

embajada (f)	suurlähetystö	[suːr·læɦetystø]
agencia (f) de viajes	matkatoimisto	[mɑtkɑ·tojmisto]
oficina (f) de información	neuvontatoimisto	[neuʋontɑ·tojmisto]
oficina (f) de cambio	valuutanvaihtotoimisto	[ʋɑlu:tɑn·ʋɑjhto·tojmisto]

| metro (m) | metro | [metro] |
| hospital (m) | sairaala | [sɑjrɑ:lɑ] |

| gasolinera (f) | bensiiniasema | [bensi:ni·ɑsemɑ] |
| aparcamiento (m) | parkkipaikka | [pɑrkki·pɑjkkɑ] |

30. Los avisos

letrero (m) (~ luminoso)	kauppakyltti	[kɑuppɑ·kyltti]
cartel (m) (texto escrito)	kyltti	[kyltti]
pancarta (f)	juliste, plakaatti	[juliste], [plɑkɑ:tti]

señal (m) de dirección	**osoitin**	[osojtin]
flecha (f) (signo)	**nuoli**	[nuoli]
advertencia (f)	**varoitus**	[ʋarojtus]
aviso (m)	**varoitus**	[ʋarojtus]
advertir (vt)	**varoittaa**	[ʋarojtta:]
día (m) de descanso	**vapaapäivä**	[ʋapa:pæjʋæ]
horario (m)	**aikataulu**	[ajka·taulu]
horario (m) de apertura	**aukioloaika**	[aukiolo·ajka]
¡BIENVENIDOS!	**TERVETULOA!**	[terʋetuloa]
ENTRADA	**SISÄÄN**	[sisæ:n]
SALIDA	**ULOS**	[ulos]
EMPUJAR	**TYÖNNÄ**	[tyønnæ]
TIRAR	**VEDÄ**	[ʋedæ]
ABIERTO	**AUKI**	[auki]
CERRADO	**KIINNI**	[ki:nni]
MUJERES	**NAISET**	[najset]
HOMBRES	**MIEHET**	[mieɦet]
REBAJAS	**ALE**	[ale]
SALDOS	**ALENNUSMYYNTI**	[alennus·my:nti]
NOVEDAD	**UUTUUS!**	[u:tu:s]
GRATIS	**ILMAISEKSI**	[ilmajseksi]
¡ATENCIÓN!	**HUOMIO!**	[huomio]
COMPLETO	**Ei OLE TILAA**	[ej ole tila:]
RESERVADO	**VARATTU**	[ʋarattu]
ADMINISTRACIÓN	**HALLINTO**	[hallinto]
SÓLO PERSONAL	**VAIN**	[ʋajn]
AUTORIZADO	**HENKILÖKUNNALLE**	[heŋkilø·kunnalle]
CUIDADO	**VARO KOIRAA!**	[ʋaro kojra:]
CON EL PERRO		
PROHIBIDO FUMAR	**TUPAKOINTI KIELLETTY**	[tupakojnti kielletty]
NO TOCAR	**EI SAA KOSKEA!**	[ej sa: koskea]
PELIGROSO	**VAARA**	[ʋa:ra]
PELIGRO	**HENGENVAARA**	[heŋenʋa:ra]
ALTA TENSIÓN	**SUURJÄNNITE**	[su:rjænnite]
PROHIBIDO BAÑARSE	**UIMINEN KIELLETTY**	[ujminen kielletty]
NO FUNCIONA	**EI TOIMI**	[ej tojmi]
INFLAMABLE	**SYTTYVÄ**	[syttyʋæ]
PROHIBIDO	**KIELLETTY**	[kielletty]
PROHIBIDO EL PASO	**LÄPIKULKU KIELLETTY**	[læpikulku kielletty]
RECIÉN PINTADO	**ON MAALATTU**	[on ma:lattu]

31. Las compras

comprar (vt)	ostaa	[osta:]
compra (f)	ostos	[ostos]
hacer compras	käydä ostoksilla	[kæydæ ostoksilla]
compras (f pl)	shoppailu	[ʃoppajlu]
estar abierto (tienda)	toimia	[tojmia]
estar cerrado	olla kiinni	[olla ki:nni]
calzado (m)	jalkineet	[jalkine:t]
ropa (f)	vaatteet	[ʋɑ:tte:t]
cosméticos (m pl)	kosmetiikka	[kosmeti:kka]
productos alimenticios	ruokatavarat	[ruoka·taʋarat]
regalo (m)	lahja	[lahja]
vendedor (m)	myyjä	[my:jæ]
vendedora (f)	myyjätär	[my:jætær]
caja (f)	kassa	[kassa]
espejo (m)	peili	[pejli]
mostrador (m)	tiski	[tiski]
probador (m)	sovitushuone	[soʋitus·huone]
probar (un vestido)	sovittaa	[soʋitta:]
quedar (una ropa, etc.)	sopia	[sopia]
gustar (vi)	pitää, tykätä	[pitæ:], [tykætæ]
precio (m)	hinta	[hinta]
etiqueta (f) de precio	hintalappu	[hinta·lappu]
costar (vt)	maksaa	[maksa:]
¿Cuánto?	Kuinka paljon?	[kujŋka paljon]
descuento (m)	alennus	[alennus]
no costoso (adj)	halpa	[halpa]
barato (adj)	halpa	[halpa]
caro (adj)	kallis	[kallis]
Es caro	Se on kallista	[se on kallista]
alquiler (m)	vuokra	[ʋuokra]
alquilar (vt)	vuokrata	[ʋuokrata]
crédito (m)	luotto	[luotto]
a crédito (adv)	luotolla	[luotolla]

LA ROPA Y
LOS ACCESORIOS

T&P Books Publishing

32. La ropa exterior. Los abrigos

ropa (f)	vaatteet	[ʋɑːtteːt]
ropa (f) de calle	päällysvaatteet	[pæːllys·ʋɑːtteːt]
ropa (f) de invierno	talvivaatteet	[talʋi·ʋɑːtteːt]
abrigo (m)	takki	[tɑkki]
abrigo (m) de piel	turkki	[turkki]
abrigo (m) corto de piel	puoliturkki	[puoli·turkki]
chaqueta (f) plumón	untuvatakki	[untuʋɑ·tɑkki]
cazadora (f)	takki	[tɑkki]
impermeable (m)	sadetakki	[sade·tɑkki]
impermeable (adj)	vedenpitävä	[ʋeden·pitæʋæ]

33. Ropa de hombre y mujer

camisa (f)	paita	[pɑjtɑ]
pantalones (m pl)	housut	[housut]
jeans, vaqueros (m pl)	farkut	[fɑrkut]
chaqueta (f), saco (m)	pikkutakki	[pikku·tɑkki]
traje (m)	puku	[puku]
vestido (m)	leninki	[leniŋki]
falda (f)	hame	[hɑme]
blusa (f)	pusero	[pusero]
rebeca (f), chaqueta (f) de punto	villapusero	[ʋillɑ·pusero]
chaqueta (f)	jakku	[jɑkku]
camiseta (f) (T-shirt)	T-paita	[te·pɑjtɑ]
pantalones (m pl) cortos	shortsit, sortsit	[sortsit]
traje (m) deportivo	urheilupuku	[urhejlu·puku]
bata (f) de baño	kylpytakki	[kylpy·tɑkki]
pijama (m)	pyjama	[pyjɑmɑ]
suéter (m)	villapaita	[ʋillɑ·pɑjtɑ]
pulóver (m)	neulepusero	[neule·pusero]
chaleco (m)	liivi	[liːʋi]
frac (m)	frakki	[frɑkki]
esmoquin (m)	smokki	[smokki]
uniforme (m)	univormu	[uniʋormu]
ropa (f) de trabajo	työvaatteet	[tyø·ʋɑːtteːt]

| mono (m) | haalari | [hɑ:lɑri] |
| bata (f) (p. ej. ~ blanca) | lääkärintakki | [læ:kærin·tɑkki] |

34. La ropa. La ropa interior

ropa (f) interior	alusvaatteet	[alus·ʋɑ:tte:t]
bóxer (m)	bokserit	[bokserit]
bragas (f pl)	pikkuhousut	[pikku·housut]
camiseta (f) interior	aluspaita	[alus·pɑjtɑ]
calcetines (m pl)	sukat	[sukɑt]
camisón (m)	yöpuku	[yøpuku]
sostén (m)	rintaliivit	[rintɑ·li:ʋit]
calcetines (m pl) altos	polvisukat	[polʋi·sukɑt]
pantimedias (f pl)	sukkahousut	[sukkɑ·housut]
medias (f pl)	sukat	[sukɑt]
traje (m) de baño	uimapuku	[ujmɑ·puku]

35. Gorras

gorro (m)	hattu	[hɑttu]
sombrero (m) de fieltro	fedora-hattu	[fedorɑ·hɑttu]
gorra (f) de béisbol	lippalakki	[lippɑ·lɑkki]
gorra (f) plana	lakki	[lɑkki]
boina (f)	baskeri	[bɑskeri]
capuchón (m)	huppu	[huppu]
panamá (m)	panamahattu	[pɑnɑmɑ·hɑttu]
gorro (m) de punto	pipo	[pipo]
pañuelo (m)	huivi	[huiʋi]
sombrero (m) de mujer	naisten hattu	[nɑjsten hɑttu]
casco (m) (~ protector)	suojakypärä	[suojɑ·kypæræ]
gorro (m) de campaña	suikka	[suikkɑ]
casco (m) (~ de moto)	kypärä	[kypæræ]
bombín (m)	knalli	[knɑlli]
sombrero (m) de copa	silinterihattu	[silinteri·hɑttu]

36. El calzado

calzado (m)	jalkineet	[jɑlkine:t]
botas (f pl)	varsikengät	[ʋɑrsikeŋæt]
zapatos (m pl)	naisten kengät	[nɑjsten keŋæt]
(~ de tacón bajo)		

botas (f pl) altas	saappaat	[sɑ:ppɑ:t]
zapatillas (f pl)	tossut	[tossut]
tenis (m pl)	lenkkitossut	[leŋkki·tossut]
zapatillas (f pl) de lona	lenkkarit	[leŋkkarit]
sandalias (f pl)	sandaalit	[sɑndɑ:lit]
zapatero (m)	suutari	[su:tɑri]
tacón (m)	korko	[korko]
par (m)	pari	[pɑri]
cordón (m)	nauha	[nɑuħɑ]
encordonar (vt)	sitoa kengännauhat	[sitoɑ keŋænnɑuħɑt]
calzador (m)	kenkälusikka	[keŋkæ·lusikkɑ]
betún (m)	kenkävoide	[keŋkæ·ʋojde]

37. Accesorios personales

guantes (m pl)	käsineet	[kæsine:t]
manoplas (f pl)	lapaset	[lɑpɑset]
bufanda (f)	kaulaliina	[kɑulɑ·li:nɑ]
gafas (f pl)	silmälasit	[silmæ·lɑsit]
montura (f)	kehys	[keħys]
paraguas (m)	sateenvarjo	[sɑte:n·ʋɑrjo]
bastón (m)	kävelykeppi	[kæʋely·keppi]
cepillo (m) de pelo	hiusharja	[hius·hɑrjɑ]
abanico (m)	viuhka	[ʋiuhkɑ]
corbata (f)	solmio	[solmio]
pajarita (f)	rusetti	[rusetti]
tirantes (m pl)	henkselit	[heŋkselit]
moquero (m)	nenäliina	[nenæ·li:nɑ]
peine (m)	kampa	[kɑmpɑ]
pasador (m) de pelo	hiussolki	[hius·solki]
horquilla (f)	hiusneula	[hius·neulɑ]
hebilla (f)	solki	[solki]
cinturón (m)	vyö	[ʋyø]
correa (f) (de bolso)	hihna	[hihnɑ]
bolsa (f)	laukku	[lɑukku]
bolso (m)	käsilaukku	[kæsi·lɑukku]
mochila (f)	reppu	[reppu]

38. La ropa. Miscelánea

moda (f)	muoti	[muoti]
de moda (adj)	muodikas	[muodikɑs]

diseñador (m) de moda	mallisuunnittelija	[mɑlli·su:nnittelijɑ]
cuello (m)	kaulus	[kɑulus]
bolsillo (m)	tasku	[tɑsku]
de bolsillo (adj)	tasku-	[tɑsku]
manga (f)	hiha	[hihɑ]
presilla (f)	raksi	[rɑksi]
bragueta (f)	halkio	[hɑlkio]
cremallera (f)	vetoketju	[ʋeto·ketju]
cierre (m)	kiinnitin	[ki:nnitin]
botón (m)	nappi	[nɑppi]
ojal (m)	napinläpi	[nɑpin·læpi]
saltar (un botón)	irrota	[irrotɑ]
coser (vi, vt)	ommella	[ommellɑ]
bordar (vt)	kirjoa	[kirjoɑ]
bordado (m)	kirjonta	[kirjontɑ]
aguja (f)	neula	[neulɑ]
hilo (m)	lanka	[lɑŋkɑ]
costura (f)	sauma	[sɑumɑ]
ensuciarse (vr)	tahraantua	[tɑhrɑ:ntuɑ]
mancha (f)	tahra	[tɑhrɑ]
arrugarse (vr)	rypistyä	[rypistyæ]
rasgar (vt)	repiä	[repiæ]
polilla (f)	koi	[koj]

39. Productos personales. Cosméticos

pasta (f) de dientes	hammastahna	[hɑmmɑs·tɑhnɑ]
cepillo (m) de dientes	hammasharja	[hɑmmɑs·hɑrjɑ]
limpiarse los dientes	harjata hampaita	[hɑrjɑtɑ hɑmpɑjtɑ]
maquinilla (f) de afeitar	partahöylä	[pɑrtɑ·høylæ]
crema (f) de afeitar	partavaahdoke	[pɑrtɑ·ʋɑ:hdoke]
afeitarse (vr)	ajaa parta	[ɑjɑ: pɑrtɑ]
jabón (m)	saippua	[sɑjppuɑ]
champú (m)	sampoo	[sɑmpo:]
tijeras (f pl)	sakset	[sɑkset]
lima (f) de uñas	kynsiviila	[kynsi·ʋi:lɑ]
cortaúñas (m pl)	kynsileikkuri	[kynsi·lejkkuri]
pinzas (f pl)	pinsetit	[pinsetit]
cosméticos (m pl)	meikki	[mejkki]
mascarilla (f)	kasvonaamio	[kɑsʋo·nɑ:mio]
manicura (f)	manikyyri	[mɑniky:ri]
hacer la manicura	hoitaa kynsiä	[hojtɑ: kynsiæ]
pedicura (f)	jalkahoito	[jɑlkɑ·hojto]

bolsa (f) de maquillaje	meikkipussi	[mejkki·pussi]
polvos (m pl)	puuteri	[puːteri]
polvera (f)	puuterirasia	[puːteri·rɑsiɑ]
colorete (m), rubor (m)	poskipuna	[poski·punɑ]

perfume (m)	parfyymi	[pɑrfyːmi]
agua (f) de tocador	eau de toilette, hajuvesi	[oˑdeˑtuɑlet], [hɑjuˑʋesi]
loción (f)	kasvovesi	[kɑsʋoˑʋesi]
agua (f) de Colonia	kölninvesi	[kølninˑʋesi]

sombra (f) de ojos	luomiväri	[luomiˑʋæri]
lápiz (m) de ojos	rajauskynä	[rɑjausˑkynæ]
rímel (m)	ripsiväri	[ripsiˑʋæri]

pintalabios (m)	huulipuna	[huːliˑpunɑ]
esmalte (m) de uñas	kynsilakka	[kynsiˑlɑkkɑ]
fijador (m) para el pelo	hiuslakka	[hiusˑlɑkkɑ]
desodorante (m)	deodorantti	[deodorɑntti]

crema (f)	voide	[ʋojde]
crema (f) de belleza	kasvovoide	[kɑsʋoˑʋojde]
crema (f) de manos	käsivoide	[kæsiˑʋojde]
crema (f) antiarrugas	ryppyvoide	[ryppyˑʋojde]
crema (f) de día	päivävoide	[pæjʋæˑʋojde]
crema (f) de noche	yövoide	[yøˑʋojde]
de día (adj)	päivä-	[pæjʋæ]
de noche (adj)	yö-	[yø]

tampón (m)	tamponi	[tɑmponi]
papel (m) higiénico	vessapaperi	[ʋessaˑpaperi]
secador (m) de pelo	hiustenkuivaaja	[hiusteŋˑkujʋɑːjɑ]

40. Los relojes

reloj (m)	rannekello	[ranneˑkello]
esfera (f)	kellotaulu	[kelloˑtɑulu]
aguja (f)	osoitin	[osojtin]
pulsera (f)	metalliranneke	[metalliˑranneke]
correa (f) (del reloj)	ranneke	[ranneke]

pila (f)	paristo	[pɑristo]
descargarse (vr)	olla tyhjä	[olla tyhjæ]
cambiar la pila	vaihtaa paristo	[ʋɑjhta: pɑristo]
adelantarse (vr)	edistää	[edistæː]
retrasarse (vr)	jätättää	[ætættæː]

reloj (m) de pared	seinäkello	[sejnæˑkello]
reloj (m) de arena	tiimalasi	[tiːmalɑsi]
reloj (m) de sol	aurinkokello	[ɑuriŋkoˑkello]
despertador (m)	herätyskello	[herætysˑkello]

relojero (m)	**kelloseppä**	[kello·seppæ]
reparar (vt)	**korjata**	[korjɑtɑ]

T&P BOOKS

LA EXPERIENCIA DIARIA

T&P Books Publishing

dinero (m)	raha, rahat	[raɦa], [raɦat]
cambio (m)	valuutanvaihto	[ʋɑlu:tɑn·ʋɑjhto]
curso (m)	kurssi	[kurssi]
cajero (m) automático	pankkiautomaatti	[paŋkki·automa:tti]
moneda (f)	kolikko	[kolikko]
dólar (m)	dollari	[dollɑri]
euro (m)	euro	[euro]
lira (f)	liira	[li:rɑ]
marco (m) alemán	markka	[mɑrkkɑ]
franco (m)	frangi	[frɑŋi]
libra esterlina (f)	punta	[puntɑ]
yen (m)	jeni	[jeni]
deuda (f)	velka	[ʋelkɑ]
deudor (m)	velallinen	[ʋelɑllinen]
prestar (vt)	lainata jollekulle	[lɑjnɑtɑ jolekulle]
tomar prestado	lainata joltakulta	[lɑjnɑtɑ joltɑkultɑ]
banco (m)	pankki	[paŋkki]
cuenta (f)	tili	[tili]
ingresar (~ en la cuenta)	tallettaa	[tɑlletta:]
ingresar en la cuenta	tallettaa rahaa tilille	[tɑlletta: rɑɦa: tilille]
sacar de la cuenta	nostaa rahaa tililtä	[nostɑ: rɑɦa: tililtɑ]
tarjeta (f) de crédito	luottokortti	[luotto·kortti]
dinero (m) en efectivo	käteinen	[kætejnen]
cheque (m)	sekki	[sekki]
sacar un cheque	kirjoittaa shekki	[kirjoitta: ʃekki]
talonario (m)	sekkivihko	[sekki·ʋihko]
cartera (f)	lompakko	[lompakko]
monedero (m)	kukkaro	[kukkɑro]
caja (f) fuerte	kassakaappi	[kɑssɑ·kɑ:ppi]
heredero (m)	perillinen	[perillinen]
herencia (f)	perintö	[perintø]
fortuna (f)	varallisuus	[ʋɑrɑllisu:s]
arriendo (m)	vuokraus	[ʋuokrɑus]
alquiler (m) (dinero)	asuntovuokra	[ɑsunto·ʋuokrɑ]
alquilar (~ una casa)	vuokrata	[ʋuokrɑtɑ]
precio (m)	hinta	[hintɑ]

| coste (m) | hinta | [hinta] |
| suma (f) | summa | [summa] |

gastar (vt)	kuluttaa	[kulutta:]
gastos (m pl)	kulut	[kulut]
economizar (vi, vt)	säästäväisesti	[sæ:stæʋæjsesti]
económico (adj)	säästäväinen	[sæ:stæʋæjnen]

pagar (vi, vt)	maksaa	[maksa:]
pago (m)	maksu	[maksu]
cambio (m) (devolver el ~)	vaihtoraha	[ʋajhto·raha]

impuesto (m)	vero	[ʋero]
multa (f)	sakko	[sakko]
multar (vt)	sakottaa	[sakotta:]

42. La oficina de correos

oficina (f) de correos	posti	[posti]
correo (m) (cartas, etc.)	posti	[posti]
cartero (m)	postinkantaja	[postiŋ·kantaja]
horario (m) de apertura	virka-aika	[ʋirka·ajka]

carta (f)	kirje	[kirje]
carta (f) certificada	kirjattu kirje	[kirjattu kirje]
tarjeta (f) postal	postikortti	[posti·kortti]
telegrama (m)	sähke	[sæhke]
paquete (m) postal	paketti	[paketti]
giro (m) postal	rahalähetys	[raha·læhetys]

recibir (vt)	vastaanottaa	[ʋasta:notta:]
enviar (vt)	lähettää	[læhettæ:]
envío (m)	lähettäminen	[læhettæminen]
dirección (f)	osoite	[osojte]
código (m) postal	postinumero	[posti·numero]
expedidor (m)	lähettäjä	[læhettæjæ]
destinatario (m)	saaja, vastaanottaja	[sa:ja], [ʋasta:nottaja]

| nombre (m) | nimi | [nimi] |
| apellido (m) | sukunimi | [suku·nimi] |

tarifa (f)	hinta, tariffi	[hinta], [tariffi]
ordinario (adj)	tavallinen	[taʋallinen]
económico (adj)	edullinen	[edullinen]

peso (m)	paino	[pajno]
pesar (~ una carta)	punnita	[punnita]
sobre (m)	kirjekuori	[kirje·kuori]
sello (m)	postimerkki	[posti·merkki]
poner un sello	liimata postimerkki	[li:mata posti·merkki]

43. La banca

banco (m)	pankki	[paŋkki]
sucursal (f)	osasto	[osasto]
consultor (m)	neuvoja	[neuʋoja]
gerente (m)	johtaja	[johtaja]
cuenta (f)	tili	[tili]
numero (m) de la cuenta	tilinumero	[tili·numero]
cuenta (f) corriente	käyttötili	[kæyttø·tili]
cuenta (f) de ahorros	säästötili	[sæ:stø·tili]
abrir una cuenta	avata tili	[aʋata tili]
cerrar la cuenta	kuolettaa tili	[kuoletta: tili]
ingresar en la cuenta	tallettaa rahaa tilille	[talletta: raɦa: tilille]
sacar de la cuenta	nostaa rahaa tililtä	[nosta: raɦa: tililta]
depósito (m)	talletus	[talletus]
hacer un depósito	tallettaa	[talletta:]
giro (m) bancario	rahansiirto	[raɦan·si:rto]
hacer un giro	siirtää	[si:rtæ:]
suma (f)	summa	[summa]
¿Cuánto?	paljonko	[paljoŋko]
firma (f) (nombre)	allekirjoitus	[alle·kirjoitus]
firmar (vt)	allekirjoittaa	[allekirjoitta:]
tarjeta (f) de crédito	luottokortti	[luotto·kortti]
código (m)	koodi	[ko:di]
número (m) de tarjeta de crédito	luottokortin numero	[luotto·kortin numero]
cajero (m) automático	pankkiautomaatti	[paŋkki·automa:tti]
cheque (m)	sekki	[sekki]
sacar un cheque	kirjoittaa sekki	[kirjoitta: sekki]
talonario (m)	sekkivihko	[sekki·ʋihko]
crédito (m)	laina	[lajna]
pedir el crédito	hakea lainaa	[hakea lajna:]
obtener un crédito	saada lainaa	[sa:da lajna:]
conceder un crédito	antaa lainaa	[anta: lajna:]
garantía (f)	takuu	[taku:]

44. El teléfono. Las conversaciones telefónicas

teléfono (m)	puhelin	[puɦelin]
teléfono (m) móvil	matkapuhelin	[matka·puɦelin]

contestador (m)	puhelinvastaaja	[puĥelin·ʋɑstɑːjɑ]
llamar, telefonear	soittaa	[sojttɑː]
llamada (f)	soitto, puhelu	[sojtto], [puĥelu]

marcar un número	valita numero	[ʋɑlitɑ numero]
¿Sí?, ¿Dígame?	Hei!	[hej]
preguntar (vt)	kysyä	[kysyæ]
responder (vi, vt)	vastata	[ʋɑstɑtɑ]

oír (vt)	kuulla	[kuːllɑ]
bien (adv)	hyvin	[hyʋin]
mal (adv)	huonosti	[huonosti]
ruidos (m pl)	häiriöt	[hæejriøt]

auricular (m)	kuuloke	[kuːloke]
descolgar (el teléfono)	nostaa luuri	[nostɑː luːri]
colgar el auricular	lopettaa puhelu	[lopettɑː puĥelu]

ocupado (adj)	varattu	[ʋɑrɑttu]
sonar (teléfono)	soittaa	[sojttɑː]
guía (f) de teléfonos	puhelinluettelo	[puĥelin·luettelo]

local (adj)	paikallis-	[pɑjkɑllis]
llamada (f) local	paikallispuhelu	[pɑjkɑllis·puĥelu]
de larga distancia	kauko-	[kɑuko]
llamada (f) de larga distancia	kaukopuhelu	[kɑuko·puĥelu]
internacional (adj)	ulkomaa	[ulkomɑː]
llamada (f) internacional	ulkomaanpuhelu	[ulkomɑːn·puĥelu]

45. El teléfono celular

teléfono (m) móvil	matkapuhelin	[mɑtkɑ·puĥelin]
pantalla (f)	näyttö	[næeyttø]
botón (m)	näppäin	[næppæejn]
tarjeta SIM (f)	SIM-kortti	[sim·kortti]

pila (f)	paristo	[pɑristo]
descargarse (vr)	olla tyhjä	[ollɑ tyhjæ]
cargador (m)	laturi	[lɑturi]

menú (m)	valikko	[ʋɑlikko]
preferencias (f pl)	asetukset	[ɑsetukset]
melodía (f)	melodia	[melodiɑ]
seleccionar (vt)	valita	[ʋɑlitɑ]

calculadora (f)	laskin	[lɑskin]
contestador (m)	puhelinvastaaja	[puĥelin·ʋɑstɑːjɑ]
despertador (m)	herätyskello	[heræetys·kello]
contactos (m pl)	puhelinluettelo	[puĥelin·luettelo]

| mensaje (m) de texto | tekstiviesti | [teksti·ʋiesti] |
| abonado (m) | tilaaja | [tila:ja] |

46. Los artículos de escritorio. La papelería

| bolígrafo (m) | täytekynä | [tæyte·kynæ] |
| pluma (f) estilográfica | sulkakynä | [sulka·kynæ] |

lápiz (m)	lyijykynä	[lyjy·kynæ]
marcador (m)	korostuskynä	[korostus·kynæ]
rotulador (m)	huopakynä	[huopa·kynæ]

| bloc (m) de notas | lehtiö | [lehtiø] |
| agenda (f) | päiväkirja | [pæjʋæ·kirja] |

regla (f)	viivoitin	[ʋi:ʋojtin]
calculadora (f)	laskin	[laskin]
goma (f) de borrar	kumi	[kumi]
chincheta (f)	nasta	[nasta]
clip (m)	paperiliitin	[paperi·li:tin]

cola (f), pegamento (m)	liima	[li:ma]
grapadora (f)	nitoja	[nitoja]
perforador (m)	rei'itin	[rej·itin]
sacapuntas (m)	teroitin	[terojtin]

47. Los idiomas extranjeros

lengua (f)	kieli	[kieli]
extranjero (adj)	vieras	[ʋieras]
lengua (f) extranjera	vieras kieli	[ʋieras kieli]
estudiar (vt)	opiskella	[opiskella]
aprender (ingles, etc.)	opetella	[opetella]

leer (vi, vt)	lukea	[lukea]
hablar (vi, vt)	puhua	[puɦua]
comprender (vt)	ymmärtää	[ymmærtæ:]
escribir (vt)	kirjoittaa	[kirjoitta:]

rápidamente (adv)	nopeasti	[nopeasti]
lentamente (adv)	hitaasti	[hita:sti]
con fluidez (adv)	sujuvasti	[sujuʋasti]

reglas (f pl)	säännöt	[sæ:nnøt]
gramática (f)	kielioppi	[kieli·oppi]
vocabulario (m)	sanasto	[sanasto]
fonética (f)	fonetiikka	[foneti:kka]
manual (m)	oppikirja	[oppi·kirja]

diccionario (m)	sanakirja	[sana·kirja]
manual (m) autodidáctico	itseopiskeluopas	[itseopiskelu·opas]
guía (f) de conversación	fraasisanakirja	[fra:si·sana·kirja]
casete (m)	kasetti	[kasetti]
videocasete (f)	videokasetti	[video·kasetti]
disco compacto, CD (m)	CD-levy	[sede·levy]
DVD (m)	DVD-levy	[devede·levy]
alfabeto (m)	aakkoset	[a:kkoset]
deletrear (vt)	kirjoittaa	[kirjoitta:]
pronunciación (f)	artikulaatio	[artikula:tio]
acento (m)	korostus	[korostus]
con acento	vieraasti korostaen	[viera:sti korostaen]
sin acento	ilman korostusta	[ilman korostusta]
palabra (f)	sana	[sana]
significado (m)	merkitys	[merkitys]
cursos (m pl)	kurssi	[kurssi]
inscribirse (vr)	ilmoittautua	[ilmojttautua]
profesor (m) (~ de inglés)	opettaja	[opettaja]
traducción (f) (proceso)	kääntäminen	[kæ:ntæminen]
traducción (f) (texto)	käännös	[kæ:nnøs]
traductor (m)	kääntäjä	[kæ:ntæjæ]
intérprete (m)	tulkki	[tulkki]
políglota (m)	monikielinen	[moni·kielinen]
memoria (f)	muisti	[mujsti]

LAS COMIDAS. EL RESTAURANTE

T&P Books Publishing

48. Los cubiertos

cuchara (f)	**lusikka**	[lusikka]
cuchillo (m)	**veitsi**	[ʋejtsi]
tenedor (m)	**haarukka**	[ha:rukka]
taza (f)	**kuppi**	[kuppi]
plato (m)	**lautanen**	[lautanen]
platillo (m)	**teevati**	[te:ʋati]
servilleta (f)	**lautasliina**	[lautas·li:na]
mondadientes (m)	**hammastikku**	[hammas·tikku]

49. El restaurante

restaurante (m)	**ravintola**	[raʋintola]
cafetería (f)	**kahvila**	[kahʋila]
bar (m)	**baari**	[ba:ri]
salón (m) de té	**teehuone**	[te:huone]
camarero (m)	**tarjoilija**	[tarjoilija]
camarera (f)	**tarjoilijatar**	[tarjoilijatar]
barman (m)	**baarimestari**	[ba:ri·mestari]
carta (f), menú (m)	**ruokalista**	[ruoka·lista]
carta (f) de vinos	**viinilista**	[ʋi:ni·lista]
reservar una mesa	**varata pöytä**	[ʋarata pøytæ]
plato (m)	**ruokalaji**	[ruoka·laji]
pedir (vt)	**tilata**	[tilata]
hacer un pedido	**tilata**	[tilata]
aperitivo (m)	**aperitiivi**	[aperiti:ʋi]
entremés (m)	**alkupala**	[alku·pala]
postre (m)	**jälkiruoka**	[jælki·ruoka]
cuenta (f)	**lasku**	[lasku]
pagar la cuenta	**maksaa lasku**	[maksa: lasku]
dar la vuelta	**antaa vaihtorahaa**	[anta: ʋajhtoraha:]
propina (f)	**juomaraha**	[juoma·raha]

50. Las comidas

comida (f)	**ruoka**	[ruoka]
comer (vi, vt)	**syödä**	[syødæ]

desayuno (m)	aamiainen	[ɑːmiɑjnen]
desayunar (vi)	syödä aamiaista	[syødæ ɑːmiɑjstɑ]
almuerzo (m)	lounas	[lounɑs]
almorzar (vi)	syödä lounasta	[syødæ lounɑstɑ]
cena (f)	illallinen	[illɑllinen]
cenar (vi)	syödä illallista	[syødæ illɑllistɑ]

| apetito (m) | ruokahalu | [ruokɑ·hɑlu] |
| ¡Que aproveche! | Hyvää ruokahalua! | [hyʋæː ruokɑhɑluɑ] |

abrir (vt)	avata	[ɑʋɑtɑ]
derramar (líquido)	läikyttää	[læjkyttæː]
derramarse (líquido)	läikkyä	[læjkkyæ]

hervir (vi)	kiehua	[kiehuɑ]
hervir (vt)	keittää	[kejttæː]
hervido (agua ~a)	keitetty	[kejtetty]
enfriar (vt)	jäähdyttää	[jæːhdyttæː]
enfriarse (vr)	jäähtyä	[jæːhtyæ]

| sabor (m) | maku | [mɑku] |
| regusto (m) | sivumaku | [siʋu·mɑku] |

adelgazar (vi)	olla dieetillä	[ollɑ dieːtilæ]
dieta (f)	dieetti	[dieːti]
vitamina (f)	vitamiini	[ʋitɑmiːni]
caloría (f)	kalori	[kɑlori]
vegetariano (m)	kasvissyöjä	[kɑsʋissyøjæ]
vegetariano (adj)	kasvis-	[kɑsʋis]

grasas (f pl)	rasvat	[rɑsʋɑt]
proteínas (f pl)	proteiinit	[proteiːnit]
carbohidratos (m pl)	hiilihydraatit	[hiːli·hydrɑːtit]
loncha (f)	viipale	[ʋiːpɑle]
pedazo (m)	pala, viipale	[pɑlɑ], [ʋiːpɑle]
miga (f)	muru	[muru]

51. Los platos

plato (m)	ruokalaji	[ruokɑ·lɑji]
cocina (f)	keittiö	[kejttiø]
receta (f)	resepti	[resepti]
porción (f)	annos	[ɑnnos]

| ensalada (f) | salaatti | [sɑlɑːtti] |
| sopa (f) | keitto | [kejtto] |

caldo (m)	liemi	[liemi]
bocadillo (m)	voileipä	[ʋoj·lejpæ]
huevos (m pl) fritos	paistettu muna	[pɑjstettu munɑ]

| hamburguesa (f) | hampurilainen | [hampurilɑjnen] |
| bistec (m) | pihvi | [pihʋi] |

guarnición (f)	lisäke	[lisæke]
espagueti (m)	spagetti	[spagetti]
puré (m) de patatas	perunasose	[peruna·sose]
pizza (f)	pizza	[pitsa]
gachas (f pl)	puuro	[puːro]
tortilla (f) francesa	munakas	[munɑkɑs]

cocido en agua (adj)	keitetty	[kejtetty]
ahumado (adj)	savustettu	[sɑʋustettu]
frito (adj)	paistettu	[pɑjstettu]
seco (adj)	kuivattu	[kujʋɑttu]
congelado (adj)	jäädytetty	[jæːdytetty]
marinado (adj)	säilötty	[sæjløtty]

azucarado, dulce (adj)	makea	[mɑkeɑ]
salado (adj)	suolainen	[suolɑjnen]
frío (adj)	kylmä	[kylmæ]
caliente (adj)	kuuma	[kuːmɑ]
amargo (adj)	karvas	[kɑrʋɑs]
sabroso (adj)	maukas	[mɑukɑs]

cocer en agua	keittää	[kejttæː]
preparar (la cena)	laittaa ruokaa	[lɑjttɑ· ruokɑː]
freír (vt)	paistaa	[pɑjstɑː]
calentar (vt)	lämmittää	[læmmittæː]

salar (vt)	suolata	[suolɑtɑ]
poner pimienta	pippuroida	[pippurojdɑ]
rallar (vt)	raastaa	[rɑːstɑː]
piel (f)	kuori	[kuori]
pelar (vt)	kuoria	[kuoriɑ]

52. La comida

carne (f)	liha	[lihɑ]
gallina (f)	kana	[kɑnɑ]
pollo (m)	kananpoika	[kɑnɑn·pojkɑ]
pato (m)	ankka	[ɑŋkkɑ]
ganso (m)	hanhi	[hɑnhi]
caza (f) menor	riista	[riːstɑ]
pava (f)	kalkkuna	[kɑlkkunɑ]

carne (f) de cerdo	sianliha	[siɑn·lihɑ]
carne (f) de ternera	vasikanliha	[ʋɑsikɑn·lihɑ]
carne (f) de carnero	lampaanliha	[lɑmpɑːn·lihɑ]
carne (f) de vaca	naudanliha	[nɑudɑn·lihɑ]
conejo (m)	kaniini	[kɑniːni]

salchichón (m)	makkara	[makkara]
salchicha (f)	nakki	[nakki]
beicon (m)	pekoni	[pekoni]
jamón (m)	kinkku	[kiŋkku]
jamón (m) fresco	savustettu kinkku	[sauustettu kiŋkku]
paté (m)	patee	[pate:]
hígado (m)	maksa	[maksa]
carne (f) picada	jauheliha	[jauhe·liha]
lengua (f)	kieli	[kieli]
huevo (m)	muna	[muna]
huevos (m pl)	munat	[munat]
clara (f)	valkuainen	[ualku·ajnen]
yema (f)	keltuainen	[keltuajnen]
pescado (m)	kala	[kala]
mariscos (m pl)	meren antimet	[meren antimet]
crustáceos (m pl)	äyriäiset	[æyriæjset]
caviar (m)	kaviaari	[kauia:ri]
cangrejo (m) de mar	kuningasrapu	[kuniŋas·rapu]
camarón (m)	katkarapu	[katkarapu]
ostra (f)	osteri	[osteri]
langosta (f)	langusti	[laŋusti]
pulpo (m)	meritursas	[meri·tursas]
calamar (m)	kalmari	[kalmari]
esturión (m)	sampi	[sampi]
salmón (m)	lohi	[lohi]
fletán (m)	pallas	[pallas]
bacalao (m)	turska	[turska]
caballa (f)	makrilli	[makrilli]
atún (m)	tonnikala	[tonnikala]
anguila (f)	ankerias	[aŋkerias]
trucha (f)	taimen	[tajmen]
sardina (f)	sardiini	[sardi:ni]
lucio (m)	hauki	[hauki]
arenque (m)	silli	[silli]
pan (m)	leipä	[lejpæ]
queso (m)	juusto	[ju:sto]
azúcar (m)	sokeri	[sokeri]
sal (f)	suola	[suola]
arroz (m)	riisi	[ri:si]
macarrones (m pl)	pasta, makaroni	[pasta], [makaroni]
tallarines (m pl)	nuudeli	[nu:deli]
mantequilla (f)	voi	[uoj]
aceite (m) vegetal	kasviöljy	[kasui·øljy]

aceite (m) de girasol	auringonkukkaöljy	[auriŋon·kukka·øljy]
margarina (f)	margariini	[margari:ni]
olivas, aceitunas (f pl)	oliivit	[oli:ʋit]
aceite (m) de oliva	oliiviöljy	[oli:ʋi·øljy]
leche (f)	maito	[majto]
leche (f) condensada	maitotiiviste	[majto·ti:ʋiste]
yogur (m)	jogurtti	[jogurtti]
nata (f) agria	hapankerma	[hapan·kerma]
nata (f) líquida	kerma	[kerma]
mayonesa (f)	majoneesi	[majone:si]
crema (f) de mantequilla	kreemi	[kre:mi]
cereales (m pl) integrales	suurimot	[su:rimot]
harina (f)	jauhot	[jauhot]
conservas (f pl)	säilyke	[sæjlyke]
copos (m pl) de maíz	maissimurot	[majssi·murot]
miel (f)	hunaja	[hunaja]
confitura (f)	hillo	[hillo]
chicle (m)	purukumi	[puru·kumi]

53. Las bebidas

agua (f)	vesi	[ʋesi]
agua (f) potable	juomavesi	[juoma·ʋesi]
agua (f) mineral	kivennäisvesi	[kiʋennæjs·ʋesi]
sin gas	ilman hiilihappoa	[ilman hi:li·happoa]
gaseoso (adj)	hiilihappovettä	[hi:li·happoʋetta]
con gas	hiilihappoinen	[hi:li·happojnen]
hielo (m)	jää	[jæ:]
con hielo	jään kanssa	[jæ:n kanssa]
sin alcohol	alkoholiton	[alkoholiton]
bebida (f) sin alcohol	alkoholiton juoma	[alkoholiton juoma]
refresco (m)	virvoitusjuoma	[ʋirʋojtus·juoma]
limonada (f)	limonadi	[limonadi]
bebidas (f pl) alcohólicas	alkoholijuomat	[alkoholi·juomat]
vino (m)	viini	[ʋi:ni]
vino (m) blanco	valkoviini	[ʋalko·ʋi:ni]
vino (m) tinto	punaviini	[puna·ʋi:ni]
licor (m)	likööri	[likø:ri]
champaña (f)	samppanja	[samppanja]
vermú (m)	vermutti	[ʋermutti]
whisky (m)	viski	[ʋiski]

vodka (m)	votka, vodka	[ʋotka], [ʋodka]
ginebra (f)	gini	[gini]
coñac (m)	konjakki	[konjakki]
ron (m)	rommi	[rommi]

café (m)	kahvi	[kahʋi]
café (m) solo	musta kahvi	[musta kahʋi]
café (m) con leche	maitokahvi	[majto·kahʋi]
capuchino (m)	cappuccino	[kaputʃi:no]
café (m) soluble	murukahvi	[muru·kahʋi]

leche (f)	maito	[majto]
cóctel (m)	cocktail	[koktejl]
batido (m)	pirtelö	[pirtelø]

zumo (m), jugo (m)	mehu	[mehu]
jugo (m) de tomate	tomaattimehu	[toma:tti·mehu]
zumo (m) de naranja	appelsiinimehu	[appelsi:ni·mehu]
zumo (m) fresco	tuoremehu	[tuore·mehu]

cerveza (f)	olut	[olut]
cerveza (f) rubia	vaalea olut	[ʋa:lea olut]
cerveza (f) negra	tumma olut	[tumma olut]

té (m)	tee	[te:]
té (m) negro	musta tee	[musta te:]
té (m) verde	vihreä tee	[ʋihreæ te:]

54. Las verduras

| legumbres (f pl) | vihannekset | [ʋihannekset] |
| verduras (f pl) | lehtikasvikset | [lehti·kasʋikset] |

tomate (m)	tomaatti	[toma:tti]
pepino (m)	kurkku	[kurkku]
zanahoria (f)	porkkana	[porkkana]
patata (f)	peruna	[peruna]
cebolla (f)	sipuli	[sipuli]
ajo (m)	valkosipuli	[ʋalko·sipuli]

col (f)	kaali	[ka:li]
coliflor (f)	kukkakaali	[kukka·ka:li]
col (f) de Bruselas	brysselinkaali	[brysseliŋ·ka:li]
brócoli (m)	parsakaali	[parsa·ka:li]

remolacha (f)	punajuuri	[puna·ju:ri]
berenjena (f)	munakoiso	[muna·kojso]
calabacín (m)	kesäkurpitsa	[kesæ·kurpitsa]
calabaza (f)	kurpitsa	[kurpitsa]
nabo (m)	nauris	[nauris]

perejil (m)	persilja	[persilja]
eneldo (m)	tilli	[tilli]
lechuga (f)	lehtisalaatti	[lehti·sala:tti]
apio (m)	selleri	[selleri]
espárrago (m)	parsa	[parsa]
espinaca (f)	pinaatti	[pina:tti]

guisante (m)	herne	[herne]
habas (f pl)	pavut	[pavut]
maíz (m)	maissi	[majssi]
fréjol (m)	pavut	[pavut]

pimiento (m) dulce	paprika	[paprika]
rábano (m)	retiisi	[reti:si]
alcachofa (f)	artisokka	[artisokka]

55. Las frutas. Las nueces

fruto (m)	hedelmä	[hedelmæ]
manzana (f)	omena	[omena]
pera (f)	päärynä	[pæ:rynæ]
limón (m)	sitruuna	[situ:na]
naranja (f)	appelsiini	[appelsi:ni]
fresa (f)	mansikka	[mansikka]

mandarina (f)	mandariini	[mandari:ni]
ciruela (f)	luumu	[lu:mu]
melocotón (m)	persikka	[persikka]
albaricoque (m)	aprikoosi	[apriko:si]
frambuesa (f)	vadelma	[vadelma]
piña (f)	ananas	[ananas]

banana (f)	banaani	[bana:ni]
sandía (f)	vesimeloni	[vesi·meloni]
uva (f)	viinirypäleet	[vi:ni·rypæle:t]
guinda (f)	hapankirsikka	[hapan·kirsikka]
cereza (f)	linnunkirsikka	[linnun·kirsikka]
melón (m)	meloni	[meloni]

pomelo (m)	greippi	[grejppi]
aguacate (m)	avokado	[avokado]
papaya (f)	papaija	[papaija]
mango (m)	mango	[maŋo]
granada (f)	granaattiomena	[grana:tti·omena]

grosella (f) roja	punaherukka	[puna·herukka]
grosella (f) negra	mustaherukka	[musta·herukka]
grosella (f) espinosa	karviainen	[karviajnen]
arándano (m)	mustikka	[mustikka]
zarzamoras (f pl)	karhunvatukka	[karhun·vatukka]

pasas (f pl)	rusina	[rusina]
higo (m)	viikuna	[ʋiːkuna]
dátil (m)	taateli	[taːteli]

cacahuete (m)	maapähkinä	[maːpæhkinæ]
almendra (f)	manteli	[manteli]
nuez (f)	saksanpähkinä	[saksan·pæhkinæ]
avellana (f)	hasselpähkinä	[hassel·pæhkinæ]
nuez (f) de coco	kookospähkinä	[koːkos·pæhkinæ]
pistachos (m pl)	pistaasi	[pistaːsi]

56. El pan. Los dulces

pasteles (m pl)	konditoriatuotteet	[konditorja·tuotteːt]
pan (m)	leipä	[lejpæ]
galletas (f pl)	keksit	[keksit]

chocolate (m)	suklaa	[suklaː]
de chocolate (adj)	suklaa-	[suklaː]
caramelo (m)	karamelli	[karamelli]
tarta (f) (pequeña)	leivos	[lejʋos]
tarta (f) (~ de cumpleaños)	kakku	[kakku]

| tarta (f) (~ de manzana) | piirakka | [piːrakka] |
| relleno (m) | täyte | [tæyte] |

confitura (f)	hillo	[hillo]
mermelada (f)	marmeladi	[marmeladi]
gofre (m)	vohvelit	[ʋohʋelit]
helado (m)	jäätelö	[jæːtelø]
pudin (m)	vanukas	[vanukas]

57. Las especias

sal (f)	suola	[suola]
salado (adj)	suolainen	[suolajnen]
salar (vt)	suolata	[suolata]

pimienta (f) negra	musta pippuri	[musta pippuri]
pimienta (f) roja	kuuma pippuri	[kuːma pippuri]
mostaza (f)	sinappi	[sinappi]
rábano (m) picante	piparjuuri	[pipar·juːri]

condimento (m)	höyste	[høyste]
especia (f)	mauste	[mauste]
salsa (f)	kastike	[kastike]
vinagre (m)	etikka	[etikka]
anís (m)	anis	[anis]

albahaca (f)	**basilika**	[basilika]
clavo (m)	**neilikka**	[nejlikka]
jengibre (m)	**inkivääri**	[iŋkiʋæːri]
cilantro (m)	**korianteri**	[korianteri]
canela (f)	**kaneli**	[kaneli]
sésamo (m)	**seesami**	[seːsami]
hoja (f) de laurel	**laakerinlehti**	[laːkerin·lehti]
paprika (f)	**paprika**	[paprika]
comino (m)	**kumina**	[kumina]
azafrán (m)	**sahrami**	[sahrami]

T&P BOOKS

LA INFORMACIÓN PERSONAL. LA FAMILIA

T&P Books Publishing

58. La información personal. Los formularios

nombre (m)	**nimi**	[nimi]
apellido (m)	**sukunimi**	[suku·nimi]
fecha (f) de nacimiento	**syntymäpäivä**	[syntymæ·pæjuæ]
lugar (m) de nacimiento	**syntymäpaikka**	[syntymæ·pajkka]
nacionalidad (f)	**kansallisuus**	[kansallisu:s]
domicilio (m)	**asuinpaikka**	[asujn·pajkka]
país (m)	**maa**	[ma:]
profesión (f)	**ammatti**	[ammatti]
sexo (m)	**sukupuoli**	[suku·puoli]
estatura (f)	**pituus**	[pitu:s]
peso (m)	**paino**	[pajno]

59. Los familiares. Los parientes

madre (f)	**äiti**	[æjti]
padre (m)	**isä**	[isæ]
hijo (m)	**poika**	[pojka]
hija (f)	**tytär**	[tytær]
hija (f) menor	**nuorempi tytär**	[nuorempi tytær]
hijo (m) menor	**nuorempi poika**	[nuorempi pojka]
hija (f) mayor	**vanhempi tytär**	[uanhempi tytær]
hijo (m) mayor	**vanhempi poika**	[uanhempi pojka]
hermano (m)	**veli**	[ueli]
hermano (m) mayor	**vanhempi veli**	[uanhempi ueli]
hermano (m) menor	**nuorempi veli**	[nuorempi ueli]
hermana (f)	**sisar**	[sisar]
hermana (f) mayor	**vanhempi sisar**	[uanhempi sisar]
hermana (f) menor	**nuorempi sisar**	[nuorempi sisar]
primo (m)	**serkku**	[serkku]
prima (f)	**serkku**	[serkku]
mamá (f)	**äiti**	[æjti]
papá (m)	**isä**	[isæ]
padres (pl)	**vanhemmat**	[uanhemmat]
niño -a (m, f)	**lapsi**	[lapsi]
niños (pl)	**lapset**	[lapset]
abuela (f)	**isoäiti**	[iso·æjti]
abuelo (m)	**isoisä**	[iso·isæ]

nieto (m)	lapsenlapsi	[lɑpsen·lɑpsi]
nieta (f)	lapsenlapsi	[lɑpsen·lɑpsi]
nietos (pl)	lastenlapset	[lɑsten·lɑpset]

tío (m)	setä	[setæ]
tía (f)	täti	[tæti]
sobrino (m)	veljenpoika	[ʋeljen·pojkɑ]
sobrina (f)	sisarenpoika	[sisɑren·pojkɑ]

suegra (f)	anoppi	[ɑnoppi]
suegro (m)	appi	[ɑppi]
yerno (m)	vävy	[ʋæʋy]
madrastra (f)	äitipuoli	[æjti·puoli]
padrastro (m)	isäpuoli	[isæ·puoli]

niño (m) de pecho	rintalapsi	[rintɑ·lɑpsi]
bebé (m)	vauva	[ʋɑuʋɑ]
chico (m)	lapsi, pienokainen	[lɑpsi], [pienokɑjnen]

mujer (f)	vaimo	[ʋɑjmo]
marido (m)	mies	[mies]
esposo (m)	aviomies	[ɑʋiomies]
esposa (f)	aviovaimo	[ɑʋioʋɑjmo]

casado (adj)	naimisissa	[nɑjmisissɑ]
casada (adj)	naimisissa	[nɑjmisissɑ]
soltero (adj)	naimaton	[nɑjmɑton]
soltero (m)	poikamies	[pojkɑmies]
divorciado (adj)	eronnut	[eronnut]
viuda (f)	leski	[leski]
viudo (m)	leski	[leski]

pariente (m)	sukulainen	[sukulɑjnen]
pariente (m) cercano	lähisukulainen	[læɦi·sukulɑjnen]
pariente (m) lejano	kaukainen sukulainen	[kɑukɑjnen sukulɑjnen]
parientes (pl)	sukulaiset	[sukulɑjset]

huérfano (m), huérfana (f)	orpo	[orpo]
tutor (m)	holhooja	[holhoːjɑ]
adoptar (un niño)	adoptoida	[ɑdoptojdɑ]
adoptar (una niña)	adoptoida	[ɑdoptojdɑ]

60. Los amigos. Los compañeros del trabajo

amigo (m)	ystävä	[ystæʋæ]
amiga (f)	ystävätär	[ystæʋætær]
amistad (f)	ystävyys	[ystæʋyːs]
ser amigo	olla ystäviä	[ollɑ ystæʋiæ]
amigote (m)	kaveri	[kɑʋeri]
amiguete (f)	kaveri	[kɑʋeri]

compañero (m)	**partneri**	[partneri]
jefe (m)	**esimies**	[esimies]
superior (m)	**päällikkö**	[pæːllikkø]
propietario (m)	**omistaja**	[omistaja]
subordinado (m)	**alainen**	[alajnen]
colega (m, f)	**virkatoveri**	[ʋirkɑ·toʋeri]
conocido (m)	**tuttava**	[tuttaʋa]
compañero (m) de viaje	**matkakumppani**	[mɑtkɑ·kumppɑni]
condiscípulo (m)	**luokkatoveri**	[luokkɑ·toʋeri]
vecino (m)	**naapuri**	[nɑːpuri]
vecina (f)	**naapuri**	[nɑːpuri]
vecinos (pl)	**naapurit**	[nɑːpurit]

EL CUERPO. LA MEDICINA

T&P Books Publishing

61. La cabeza

cabeza (f)	**pää**	[pæ:]
cara (f)	**kasvot**	[kasʋot]
nariz (f)	**nenä**	[nenæ]
boca (f)	**suu**	[su:]
ojo (m)	**silmä**	[silmæ]
ojos (m pl)	**silmät**	[silmæt]
pupila (f)	**silmäterä**	[silmæ·teræ]
ceja (f)	**kulmakarva**	[kulma·karʋa]
pestaña (f)	**ripsi**	[ripsi]
párpado (m)	**silmäluomi**	[silmæ·luomi]
lengua (f)	**kieli**	[kieli]
diente (m)	**hammas**	[hammas]
labios (m pl)	**huulet**	[hu:let]
pómulos (m pl)	**poskipäät**	[poski·pæ:t]
encía (f)	**ien**	[ien]
paladar (m)	**kitalaki**	[kitalaki]
ventanas (f pl)	**sieraimet**	[sierajmet]
mentón (m)	**leuka**	[leuka]
mandíbula (f)	**leukaluu**	[leuka·lu:]
mejilla (f)	**poski**	[poski]
frente (f)	**otsa**	[otsa]
sien (f)	**ohimo**	[ohimo]
oreja (f)	**korva**	[korʋa]
nuca (f)	**niska**	[niska]
cuello (m)	**kaula**	[kaula]
garganta (f)	**kurkku**	[kurkku]
pelo, cabello (m)	**hiukset**	[hiukset]
peinado (m)	**kampaus**	[kampaus]
corte (m) de pelo	**kampaus**	[kampaus]
peluca (f)	**tekotukka**	[teko·tukka]
bigote (m)	**viikset**	[ʋi:kset]
barba (f)	**parta**	[parta]
tener (~ la barba)	**pitää**	[pitæ:]
trenza (f)	**letti**	[letti]
patillas (f pl)	**poskiparta**	[poski·parta]
pelirrojo (adj)	**punatukkainen**	[puna·tukkajnen]
gris, canoso (adj)	**harmaa**	[harma:]

calvo (adj)	**kalju**	[kɑlju]
calva (f)	**kaljuus**	[kɑlju:s]

cola (f) de caballo	**poninhäntä**	[ponin·hæntæ]
flequillo (m)	**otsatukka**	[otsɑ·tukkɑ]

62. El cuerpo

mano (f)	**käsi**	[kæsi]
brazo (m)	**käsivarsi**	[kæsi·ʋɑrssi]

dedo (m)	**sormi**	[sormi]
dedo (m) del pie	**varvas**	[ʋɑrʋɑs]
dedo (m) pulgar	**peukalo**	[peukɑlo]
dedo (m) meñique	**pikkusormi**	[pikku·sormi]
uña (f)	**kynsi**	[kynsi]

puño (m)	**nyrkki**	[nyrkki]
palma (f)	**kämmen**	[kæmmen]
muñeca (f)	**ranne**	[rɑnne]
antebrazo (m)	**kyynärvarsi**	[ky:nær·ʋɑrsi]
codo (m)	**kyynärpää**	[ky:nær·pæ:]
hombro (m)	**hartia**	[hɑrtiɑ]

pierna (f)	**jalka**	[jɑlkɑ]
planta (f)	**jalkaterä**	[jɑlkɑ·teræ]
rodilla (f)	**polvi**	[polʋi]
pantorrilla (f)	**pohje**	[pohje]

cadera (f)	**reisi**	[rejsi]
talón (m)	**kantapää**	[kɑntɑpæ:]

cuerpo (m)	**vartalo**	[ʋɑrtɑlo]
vientre (m)	**maha**	[mɑhɑ]
pecho (m)	**rinta**	[rintɑ]
seno (m)	**rinnat**	[rinnɑt]
lado (m), costado (m)	**kylki**	[kylki]
espalda (f)	**selkä**	[selkæ]

zona (f) lumbar	**ristiselkä**	[risti·selkæ]
cintura (f), talle (m)	**vyötärö**	[ʋyøtærø]

ombligo (m)	**napa**	[nɑpɑ]
nalgas (f pl)	**pakarat**	[pɑkɑrɑt]
trasero (m)	**takapuoli**	[tɑkɑ·puoli]

lunar (m)	**luomi**	[luomi]
marca (f) de nacimiento	**syntymämerkki**	[syntymæ·merkki]
tatuaje (m)	**tatuointi**	[tɑtuojnti]
cicatriz (f)	**arpi**	[ɑrpi]

63. Las enfermedades

enfermedad (f)	sairaus	[sɑjrɑus]
estar enfermo	sairastaa	[sɑjrɑstɑ:]
salud (f)	terveys	[terʋeys]
resfriado (m) (coriza)	nuha	[nuɦɑ]
angina (f)	angiina	[ɑŋi:nɑ]
resfriado (m)	vilustuminen	[ʋilustuminen]
resfriarse (vr)	vilustua	[ʋilustuɑ]
bronquitis (f)	keuhkokatarri	[keuhko·kɑtɑrri]
pulmonía (f)	keuhkotulehdus	[keuhko·tulehdus]
gripe (f)	influenssa	[influenssɑ]
miope (adj)	likinäköinen	[likinækøjnen]
présbita (adj)	kaukonäköinen	[kɑukonækøjnen]
estrabismo (m)	kierosilmäisyys	[kiero·silmæjsy:s]
estrábico (m) (adj)	kiero	[kiero]
catarata (f)	harmaakaihi	[hɑrmɑ:kɑjhi]
glaucoma (m)	silmänpainetauti	[silmæn·pɑjne·tɑuti]
insulto (m)	aivoinfarkti	[ɑjʋo·infɑrkti]
ataque (m) cardiaco	infarkti	[infɑrkti]
infarto (m) de miocardio	sydäninfarkti	[sydæn·infɑrkti]
parálisis (f)	halvaus	[hɑlʋɑus]
paralizar (vt)	halvauttaa	[hɑlʋɑuttɑ:]
alergia (f)	allergia	[ɑllergiɑ]
asma (f)	astma	[ɑstmɑ]
diabetes (f)	diabetes	[diɑbetes]
dolor (m) de muelas	hammassärky	[hɑmmɑs·særky]
caries (f)	hammasmätä	[hɑmmɑs·mætæ]
diarrea (f)	ripuli	[ripuli]
estreñimiento (m)	ummetus	[ummetus]
molestia (f) estomacal	vatsavaiva	[ʋɑtsɑ·ʋɑjʋɑ]
envenenamiento (m)	ruokamyrkytys	[ruokɑ·myrkytys]
envenenarse (vr)	myrkyttyä	[myrkyttyæ]
artritis (f)	niveltulehdus	[niʋel·tulehdus]
raquitismo (m)	riisitauti	[ri:sitɑti]
reumatismo (m)	reuma	[reumɑ]
ateroesclerosis (f)	ateroskleroosi	[ɑterosklero:si]
gastritis (f)	mahakatarri	[mɑɦɑ·kɑtɑrri]
apendicitis (f)	umpilisäketulehdus	[umpilisæke·tulehdus]
colecistitis (f)	kolekystiitti	[kolekysti:tti]
úlcera (f)	haavauma	[hɑ:ʋɑumɑ]
sarampión (m)	tuhkarokko	[tuhkɑ·rokko]

rubeola (f)	vihurirokko	[ʋiɦuri·rokko]
ictericia (f)	keltatauti	[kelta·tauti]
hepatitis (f)	hepatiitti	[hepati:tti]

esquizofrenia (f)	jakomielisyys	[jakomielisy:s]
rabia (f) (hidrofobia)	raivotauti	[rajʋo·tauti]
neurosis (f)	neuroosi	[neuro:si]
conmoción (f) cerebral	aivotärähdys	[ajʋo·tæræhdys]

cáncer (m)	syöpä	[syøpæ]
esclerosis (f)	skleroosi	[sklero:si]
esclerosis (m) múltiple	multippeliskleroosi	[multippeli·sklero:si]

alcoholismo (m)	alkoholismi	[alkoɦolismi]
alcohólico (m)	alkoholisti	[alkoɦolisti]
sífilis (f)	kuppa, syfilis	[kuppa], [sifilis]
SIDA (m)	AIDS	[ajds]

tumor (m)	kasvain	[kasʋajn]
maligno (adj)	pahanlaatuinen	[paɦan·la:jtunen]
benigno (adj)	hyvänlaatuinen	[hyʋænla:tunen]

fiebre (f)	kuume	[ku:me]
malaria (f)	malaria	[malaria]
gangrena (f)	kuolio	[kuolio]
mareo (m)	merisairaus	[meri·sajraus]
epilepsia (f)	epilepsia	[epilepsia]

epidemia (f)	epidemia	[epidemia]
tifus (m)	lavantauti	[laʋan·tauti]
tuberculosis (f)	tuberkuloosi	[tuberkulo:si]
cólera (f)	kolera	[kolera]
peste (f)	rutto	[rutto]

64. Los síntomas. Los tratamientos. Unidad 1

síntoma (m)	oire	[ojre]
temperatura (f)	kuume	[ku:me]
fiebre (f)	korkea kuume	[korkea ku:me]
pulso (m)	pulssi, syke	[pulssi], [syke]

mareo (m) (vértigo)	huimaus	[hujmaus]
caliente (adj)	kuuma	[ku:ma]
escalofrío (m)	vilunväristys	[ʋilun·ʋæristys]
pálido (adj)	kalpea	[kalpea]

tos (f)	yskä	[yskæ]
toser (vi)	yskiä	[yskiæ]
estornudar (vi)	aivastella	[ajʋastella]
desmayo (m)	pyörtyminen	[pyørtyminen]

desmayarse (vr)	pyörtyä	[pyørtyæ]
moradura (f)	mustelma	[mustelma]
chichón (m)	kuhmu	[kuhmu]
golpearse (vr)	loukkaantua	[loukka:ntua]
magulladura (f)	ruhje	[ruhje]
magullarse (vr)	loukkaantua	[loukka:ntua]
cojear (vi)	ontua	[ontua]
dislocación (f)	sijoiltaanmeno	[sijoilta:nmeno]
dislocar (vt)	siirtää sijoiltaan	[si:rtæ: sijoilta:n]
fractura (f)	murtuma	[murtuma]
tener una fractura	saada murtuma	[sa:da murtuma]
corte (m) (tajo)	leikkaushaava	[lejkkaus·ha:va]
cortarse (vr)	leikata	[lejkata]
hemorragia (f)	verenvuoto	[ueren·uuoto]
quemadura (f)	palohaava	[palo·ha:va]
quemarse (vr)	polttaa itse	[poltta: itse]
pincharse (~ el dedo)	pistää	[pistæ:]
pincharse (vr)	pistää itseä	[pistæ: itseæ]
herir (vt)	vahingoittaa	[uahiŋojtta:]
herida (f)	vamma, vaurio	[uamma], [uaurio]
lesión (f) (herida)	haava	[ha:ua]
trauma (m)	trauma, vamma	[trauma], [uamma]
delirar (vi)	hourailla	[hourajlla]
tartamudear (vi)	änkyttää	[æŋkyttæ:]
insolación (f)	auringonpistos	[auriŋon·pistos]

65. Los síntomas. Los tratamientos. Unidad 2

dolor (m)	kipu	[kipu]
astilla (f)	tikku	[tikku]
sudor (m)	hiki	[hiki]
sudar (vi)	hikoilla	[hikojlla]
vómito (m)	oksennus	[oksennus]
convulsiones (f pl)	kouristukset	[kouristukset]
embarazada (adj)	raskaana oleva	[raska:na oleua]
nacer (vi)	syntyä	[syntyæ]
parto (m)	synnytys	[synnytys]
dar a luz	synnyttää	[synnyttæ:]
aborto (m)	raskaudenkeskeytys	[raskauden·keskeytys]
respiración (f)	hengitys	[heŋitys]
inspiración (f)	sisäänhengitys	[sisæ:n·heŋitys]
espiración (f)	uloshengitys	[ulos·heŋitys]

espirar (vi)   hengittää ulos   [heŋittæ: ulos]
inspirar (vi)   hengittää sisään   [hengittæ: sisæ:n]

inválido (m)   invalidi   [inʋalidi]
mutilado (m)   rampa   [rɑmpɑ]
drogadicto (m)   narkomaani   [nɑrkomɑ:ni]

sordo (adj)   kuuro   [ku:ro]
mudo (adj)   mykkä   [mykkæ]
sordomudo (adj)   kuuromykkä   [ku:ro·mykkæ]

loco (adj)   mielenvikainen   [mielen·ʋikɑjnen]
loco (m)   hullu   [hullu]
loca (f)   hullu   [hullu]
volverse loco   tulla hulluksi   [tullɑ hulluksi]

gen (m)   geeni   [ge:ni]
inmunidad (f)   immuniteetti   [immunite:tti]
hereditario (adj)   perintö-   [perintø]
de nacimiento (adj)   synnynnäinen   [synnynnæjnen]

virus (m)   virus   [ʋirus]
microbio (m)   mikrobi   [mikrobi]
bacteria (f)   bakteeri   [bɑkte:ri]
infección (f)   infektio, tartunta   [infektio], [tɑrtuntɑ]

66. Los síntomas. Los tratamientos. Unidad 3

hospital (m)   sairaala   [sɑjrɑ:lɑ]
paciente (m)   potilas   [potilɑs]

diagnosis (f)   diagnoosi   [diɑgno:si]
cura (f)   lääkintä   [læ:kintæ]
tratamiento (m)   hoito   [hojto]
curarse (vr)   saada hoitoa   [sɑ:dɑ hojtoɑ]
tratar (vt)   hoitaa   [hojtɑ:]
cuidar (a un enfermo)   hoitaa   [hojtɑ:]
cuidados (m pl)   hoito   [hojto]

operación (f)   leikkaus   [lejkkɑus]
vendar (vt)   sitoa   [sitoɑ]
vendaje (m)   sidonta   [sidontɑ]

vacunación (f)   rokotus   [rokotus]
vacunar (vt)   rokottaa   [rokottɑ:]
inyección (f)   injektio   [injektio]
aplicar una inyección   tehdä pisto   [tehdæ pisto]

ataque (m)   kohtaus   [kohtɑus]
amputación (f)   amputaatio   [ɑmputɑ:tio]

amputar (vt)	amputoida	[amputojda]
coma (m)	kooma	[ko:ma]
estar en coma	olla koomassa	[olla ko:massa]
revitalización (f)	teho-osasto	[teho·osasto]

recuperarse (vr)	parantua	[parantua]
estado (m) (de salud)	terveydentila	[terveyden·tila]
consciencia (f)	tajunta	[tajunta]
memoria (f)	muisti	[mujsti]

extraer (un diente)	poistaa	[pojsta:]
empaste (m)	paikka	[pajkka]
empastar (vt)	paikata	[pajkata]

hipnosis (f)	hypnoosi	[hypno:si]
hipnotizar (vt)	hypnotisoida	[hypnotisojda]

67. La medicina. Las drogas. Los accesorios

medicamento (m), droga (f)	lääke	[læ:ke]
remedio (m)	lääke	[læ:ke]
prescribir (vt)	määrätä	[mæ:rætæ]
receta (f)	resepti	[resepti]

tableta (f)	tabletti	[tabletti]
ungüento (m)	voide	[vojde]
ampolla (f)	ampulli	[ampulli]
mixtura (f), mezcla (f)	liuos	[liuos]
sirope (m)	siirappi	[si:rappi]
píldora (f)	pilleri	[pilleri]
polvo (m)	jauhe	[jauɦe]

venda (f)	side	[side]
algodón (m) (discos de ~)	vanu	[vanu]
yodo (m)	jodi	[jodi]

tirita (f), curita (f)	laastari	[la:stari]
pipeta (f)	pipetti	[pipetti]

termómetro (m)	kuumemittari	[ku:me·mittari]
jeringa (f)	ruisku	[rujsku]

silla (f) de ruedas	pyörätuoli	[pyøræ·tuoli]
muletas (f pl)	kainalosauvat	[kajnalo·sauvat]

anestésico (m)	puudutusaine	[pu:dutus·ajne]
purgante (m)	ulostuslääke	[ulostus·læ:ke]
alcohol (m)	sprii	[spri:]
hierba (f) medicinal	lääkeyrtti	[læ:ke·yrtti]
de hierbas (té ~)	yrtti-	[yrtti]

EL APARTAMENTO

T&P Books Publishing

68. El apartamento

apartamento (m)	**asunto**	[ɑsunto]
habitación (f)	**huone**	[huone]
dormitorio (m)	**makuuhuone**	[mɑku:huone]
comedor (m)	**ruokailuhuone**	[ruokɑjlu·huone]
salón (m)	**vierashuone**	[ʋierɑs·huone]
despacho (m)	**työhuone**	[tyø·huone]
antecámara (f)	**eteinen**	[etejnen]
cuarto (m) de baño	**kylpyhuone**	[kylpy·huone]
servicio (m)	**vessa**	[ʋessɑ]
techo (m)	**sisäkatto**	[sisæ·kɑtto]
suelo (m)	**lattia**	[lɑttiɑ]
rincón (m)	**nurkka**	[nurkkɑ]

69. Los muebles. El interior

muebles (m pl)	**huonekalut**	[huone·kɑlut]
mesa (f)	**pöytä**	[pøytæ]
silla (f)	**tuoli**	[tuoli]
cama (f)	**sänky**	[sæŋky]
sofá (m)	**sohva**	[sohʋɑ]
sillón (m)	**nojatuoli**	[noja·tuoli]
librería (f)	**kaappi**	[kɑ:ppi]
estante (m)	**hylly**	[hylly]
armario (m)	**vaatekaappi**	[ʋɑ:te·kɑ:ppi]
percha (f)	**ripustin**	[ripustin]
perchero (m) de pie	**naulakko**	[nɑulɑkko]
cómoda (f)	**lipasto**	[lipɑsto]
mesa (f) de café	**sohvapöytä**	[sohʋɑ·pøjtæ]
espejo (m)	**peili**	[pejli]
tapiz (m)	**matto**	[mɑtto]
alfombra (f)	**pieni matto**	[pjeni mɑtto]
chimenea (f)	**takka**	[tɑkkɑ]
vela (f)	**kynttilä**	[kynttilæ]
candelero (m)	**kynttilänjalka**	[kynttilæn·jɑlkɑ]
cortinas (f pl)	**kaihtimet**	[kɑjhtimet]

| empapelado (m) | tapetit | [tɑpetit] |
| estor (m) de láminas | rullaverhot | [rulle·ʋerhot] |

lámpara (f) de mesa	pöytälamppu	[pøytæ·lɑmppu]
aplique (m)	seinävalaisin	[sejnɑ·ʋɑlɑjsin]
lámpara (f) de pie	lattialamppu	[lɑttiɑ·lɑmppu]
lámpara (f) de araña	kattokruunu	[kɑtto·kru:nu]

pata (f) (~ de la mesa)	jalka	[jɑlkɑ]
brazo (m)	käsinoja	[kæsi·nojɑ]
espaldar (m)	selkänoja	[selkænojɑ]
cajón (m)	vetolaatikko	[ʋeto·lɑ:tikko]

70. Los accesorios de cama

ropa (f) de cama	vuodevaatteet	[ʋuode·ʋɑ:tte:t]
almohada (f)	tyyny	[ty:ny]
funda (f)	tyynyliina	[ty:ny·li:nɑ]
manta (f)	peitto, täkki	[pejte], [tækki]
sábana (f)	lakana	[lɑkɑnɑ]
sobrecama (f)	peite	[pejte]

71. La cocina

cocina (f)	keittiö	[kejttiø]
gas (m)	kaasu	[kɑ:su]
cocina (f) de gas	kaasuliesi	[kɑ:su·liesi]
cocina (f) eléctrica	sähköhella	[sæhkø·hellɑ]
horno (m)	paistinuuni	[pɑjstin·u:ni]
horno (m) microondas	mikroaaltouuni	[mikro·ɑ:ltou·u:ni]

frigorífico (m)	jääkaappi	[jæ:kɑ:ppi]
congelador (m)	pakastin	[pɑkɑstin]
lavavajillas (m)	astianpesukone	[ɑstiɑn·pesu·kone]

picadora (f) de carne	lihamylly	[liɦɑ·mylly]
exprimidor (m)	mehunpuristin	[meɦun·puristin]
tostador (m)	leivänpaahdin	[lejʋæn·pɑ:hdin]
batidora (f)	sekoitin	[sekojtin]

| cafetera (f) (aparato de cocina) | kahvinkeitin | [kɑhʋiŋ·kejtin] |

| cafetera (f) (para servir) | kahvipannu | [kɑhʋi·pɑnnu] |
| molinillo (m) de café | kahvimylly | [kɑhʋi·mylly] |

hervidor (m) de agua	teepannu	[te:pɑnnu]
tetera (f)	teekannu	[te:kɑnnu]
tapa (f)	kansi	[kɑnsi]

colador (m) de té	teesiivilä	[te:si:ʋilæ]
cuchara (f)	lusikka	[lusikkɑ]
cucharilla (f)	teelusikka	[te:lusikkɑ]
cuchara (f) de sopa	ruokalusikka	[ruokɑ·lusikkɑ]
tenedor (m)	haarukka	[hɑːrukkɑ]
cuchillo (m)	veitsi	[ʋejtsi]
vajilla (f)	astiat	[ɑstiɑt]
plato (m)	lautanen	[lautanen]
platillo (m)	teevati	[te:ʋɑti]
vaso (m) de chupito	shotti, snapsilasi	[shotti], [snɑpsi·lɑsi]
vaso (m) (~ de agua)	juomalasi	[juomɑ·lɑsi]
taza (f)	kuppi	[kuppi]
azucarera (f)	sokeriastia	[sokeri·ɑstiɑ]
salero (m)	suola-astia	[suolɑ·ɑstiɑ]
pimentero (m)	pippuriastia	[pippuri·ɑstiɑ]
mantequera (f)	voi astia	[ʋoj ɑstiɑ]
cacerola (f)	kasari, kattila	[kɑsɑri], [kɑttilɑ]
sartén (f)	pannu	[pɑnnu]
cucharón (m)	kauha	[kauhɑ]
colador (m)	lävikkö	[læʋikkø]
bandeja (f)	tarjotin	[tɑrjotin]
botella (f)	pullo	[pullo]
tarro (m) de vidrio	lasitölkki	[lɑsi·tølkki]
lata (f)	purkki	[purkki]
abrebotellas (m)	pullonavaaja	[pullon·ɑʋɑ:jɑ]
abrelatas (m)	purkinavaaja	[purkin·ɑʋɑ:jɑ]
sacacorchos (m)	korkkiruuvi	[korkki·ru:ʋi]
filtro (m)	suodatin	[suodɑtin]
filtrar (vt)	suodattaa	[suodɑttɑ:]
basura (f)	roska, jäte	[roskɑ], [jæte]
cubo (m) de basura	roskasanko	[roskɑ·sɑŋko]

72. El baño

cuarto (m) de baño	kylpyhuone	[kylpy·ɦuone]
agua (f)	vesi	[ʋesi]
grifo (m)	hana	[hɑnɑ]
agua (f) caliente	kuuma vesi	[ku:mɑ ʋesi]
agua (f) fría	kylmä vesi	[kylmæ ʋesi]
pasta (f) de dientes	hammastahna	[hɑmmɑs·tɑhnɑ]
limpiarse los dientes	harjata hampaita	[hɑrjɑtɑ hɑmpɑjtɑ]
cepillo (m) de dientes	hammasharja	[hɑmmɑs·hɑrjɑ]

afeitarse (vr)	ajaa parta	[aja: parta]
espuma (f) de afeitar	partavaahto	[parta·ʋa:hto]
maquinilla (f) de afeitar	partahöylä	[parta·høylæ]

lavar (vt)	pestä	[pestæ]
darse un baño	peseytyä	[peseytyæ]
ducha (f)	suihku	[sujhku]
darse una ducha	käydä suihkussa	[kæydæ suihkussa]

bañera (f)	amme, kylpyamme	[amme], [kylpyamme]
inodoro (m)	vessanpönttö	[ʋessan·pønttø]
lavabo (m)	pesuallas	[pesu·allas]

| jabón (m) | saippua | [sajppua] |
| jabonera (f) | saippuakotelo | [sajppua·kotelo] |

esponja (f)	pesusieni	[pesu·sieni]
champú (m)	sampoo	[sampo:]
toalla (f)	pyyhe	[py:he]
bata (f) de baño	kylpytakki	[kylpy·takki]

colada (f), lavado (m)	pyykkäys	[py:kkæys]
lavadora (f)	pesukone	[pesu·kone]
lavar la ropa	pestä pyykkiä	[pestæ py:kkiæ]
detergente (m) en polvo	pesujauhe	[pesu·jauhe]

73. Los aparatos domésticos

televisor (m)	televisio	[teleʋisio]
magnetófono (m)	nauhuri	[nauhuri]
vídeo (m)	videonauhuri	[ʋideo·nauhuri]
radio (m)	vastaanotin	[ʋasta:notin]
reproductor (m) (~ MP3)	soitin	[sojtin]

proyector (m) de vídeo	projektori	[projektori]
sistema (m) home cinema	kotiteatteri	[koti·teatteri]
reproductor (m) de DVD	DVD-soitin	[deʋede·sojtin]
amplificador (m)	vahvistin	[ʋahʋistin]
videoconsola (f)	pelikonsoli	[peli·konsoli]

cámara (f) de vídeo	videokamera	[ʋideo·kamera]
cámara (f) fotográfica	kamera	[kamera]
cámara (f) digital	digitaalikamera	[digita:li·kamera]

aspirador (m), aspiradora (f)	pölynimuri	[pølyn·imuri]
plancha (f)	silitysrauta	[silitys·rauta]
tabla (f) de planchar	silityslauta	[silitys·lauta]

| teléfono (m) | puhelin | [puhelin] |
| teléfono (m) móvil | matkapuhelin | [matka·puhelin] |

máquina (f) de escribir	**kirjoituskone**	[kirjoitus·kone]
máquina (f) de coser	**ompelukone**	[ompelu·kone]
micrófono (m)	**mikrofoni**	[mikrofoni]
auriculares (m pl)	**kuulokkeet**	[ku:lokke:t]
mando (m) a distancia	**kaukosäädin**	[kɑuko·sæ:din]
CD (m)	**CD-levy**	[sede·leʋy]
casete (m)	**kasetti**	[kɑsetti]
disco (m) de vinilo	**levy, vinyylilevy**	[leʋy], [ʋiny:li·leʋy]

T&P BOOKS

LA TIERRA. EL TIEMPO

T&P Books Publishing

cosmos (m)	avaruus	[ɑʋɑru:s]
espacial, cósmico (adj)	avaruus-	[ɑʋɑru:s]
espacio (m) cósmico	avaruus	[ɑʋɑru:s]
mundo (m)	maailma	[mɑ:jlmɑ]
universo (m)	maailmankaikkeus	[mɑ:ilmɑn·kɑjkkeus]
galaxia (f)	galaksi	[gɑlɑksi]
estrella (f)	tähti	[tæhti]
constelación (f)	tähtikuvio	[tæhti·kuʋio]
planeta (m)	planeetta	[plɑne:ttɑ]
satélite (m)	satelliitti	[sɑtelli:tti]
meteorito (m)	meteoriitti	[meteori:tti]
cometa (m)	pyrstötähti	[pyrstø·tæhti]
asteroide (m)	asteroidi	[ɑsterojdi]
órbita (f)	kiertorata	[kierto·rɑtɑ]
girar (vi)	kiertää	[kærtæ:]
atmósfera (f)	ilmakehä	[ilmɑkeɦæ]
Sol (m)	Aurinko	[ɑuriŋko]
sistema (m) solar	Aurinkokunta	[ɑuriŋko·kuntɑ]
eclipse (m) de Sol	auringonpimennys	[ɑuriŋon·pimeŋys]
Tierra (f)	Maa	[mɑ:]
Luna (f)	Kuu	[ku:]
Marte (m)	Mars	[mɑrs]
Venus (f)	Venus	[ʋenus]
Júpiter (m)	Jupiter	[jupiter]
Saturno (m)	Saturnus	[sɑturnus]
Mercurio (m)	Merkurius	[merkurius]
Urano (m)	Uranus	[urɑnus]
Neptuno (m)	Neptunus	[neptunus]
Plutón (m)	Pluto	[pluto]
la Vía Láctea	Linnunrata	[linnun·rɑtɑ]
la Osa Mayor	Otava	[otɑʋɑ]
la Estrella Polar	Pohjantähti	[pohjɑn·tæhti]
marciano (m)	marsilainen	[mɑrsilɑjnen]
extraterrestre (m)	avaruusolio	[ɑʋɑru:soljo]

| planetícola (m) | avaruusolento | [ɑvɑruːsˈolento] |
| platillo (m) volante | lentävä lautanen | [lentæʋæ lɑutɑnen] |

nave (f) espacial	avaruusalus	[ɑvɑruːsˈɑlus]
estación (f) orbital	avaruusasema	[ɑvɑruːsˈɑsemɑ]
despegue (m)	startti	[stɑrtti]

motor (m)	moottori	[moːttori]
tobera (f)	suutin	[suːtin]
combustible (m)	polttoaine	[poltto·ɑjne]

carlinga (f)	ohjaamo	[ohjɑːmo]
antena (f)	antenni	[ɑntenni]
ventana (f)	valoventtiili	[ʋɑloʋentti:li]
batería (f) solar	aurinkokennosto	[ɑuriŋko·keŋosto]
escafandra (f)	avaruuspuku	[ɑvɑruːsˈpuku]

| ingravidez (f) | painottomuus | [pɑjnottomu:s] |
| oxígeno (m) | happi | [hɑppi] |

| atraque (m) | telakointi | [telɑkojnti] |
| realizar el atraque | tehdä telakointi | [tehdæ telɑkojnti] |

observatorio (m)	observatorio	[obserʋɑtorio]
telescopio (m)	teleskooppi	[telesko:ppi]
observar (vt)	tarkkailla	[tɑrkkɑjllɑ]
explorar (~ el universo)	tutkia	[tutkiɑ]

75. La tierra

Tierra (f)	Maa	[mɑː]
globo (m) terrestre	maapallo	[mɑːpɑllo]
planeta (m)	planeetta	[plɑneːttɑ]

atmósfera (f)	ilmakehä	[ilmɑkeɦæ]
geografía (f)	maantiede	[mɑːnˈtiede]
naturaleza (f)	luonto	[luonto]

globo (m) terráqueo	karttapallo	[kɑrttɑ·pɑllo]
mapa (m)	kartta	[kɑrttɑ]
atlas (m)	atlas	[ɑtlɑs]

Europa (f)	Eurooppa	[euro:ppɑ]
Asia (f)	Aasia	[ɑ:siɑ]
África (f)	Afrikka	[ɑfrikkɑ]
Australia (f)	Australia	[ɑustrɑliɑ]

América (f)	Amerikka	[ɑmerikkɑ]
América (f) del Norte	Pohjois-Amerikka	[pohjois·ɑmerikkɑ]
América (f) del Sur	Etelä-Amerikka	[etelæ·ɑmerikkɑ]

Antártida (f)	**Etelämanner**	[etelæmɑnner]
Ártico (m)	**Arktis**	[ɑrktis]

76. Los puntos cardinales

norte (m)	**pohjola**	[pohjolɑ]
al norte	**pohjoiseen**	[pohjoise:n]
en el norte	**pohjoisessa**	[pohjoisessɑ]
del norte (adj)	**pohjois-, pohjoinen**	[pohjois], [pohjoinen]
sur (m)	**etelä**	[etelæ]
al sur	**etelään**	[etelæ:n]
en el sur	**etelässä**	[etelæssæ]
del sur (adj)	**etelä-, eteläinen**	[etelæ], [etelæjnen]
oeste (m)	**länsi**	[længi]
al oeste	**länteen**	[lænte:n]
en el oeste	**lännessä**	[lænnessæ]
del oeste (adj)	**länsi-, läntinen**	[længi], [læntinen]
este (m)	**itä**	[itæ]
al este	**itään**	[itæ:n]
en el este	**idässä**	[idæssæ]
del este (adj)	**itä-, itäinen**	[itæ], [itæjnen]

77. El mar. El océano

mar (m)	**meri**	[meri]
océano (m)	**valtameri**	[ʋɑltɑ·meri]
golfo (m)	**lahti**	[lɑhti]
estrecho (m)	**salmi**	[sɑlmi]
tierra (f) firme	**maa**	[mɑ:]
continente (m)	**manner**	[mɑnner]
isla (f)	**saari**	[sɑ:ri]
península (f)	**niemimaa**	[niemi·mɑ:]
archipiélago (m)	**saaristo**	[sɑ:risto]
bahía (f)	**lahti, poukama**	[lɑhti], [poukɑmɑ]
ensenada, bahía (f)	**satama**	[sɑtɑmɑ]
laguna (f)	**laguuni**	[lɑgu:ni]
cabo (m)	**niemi**	[niemi]
atolón (m)	**atolli**	[ɑtolli]
arrecife (m)	**riutta**	[riuttɑ]
coral (m)	**koralli**	[korɑlli]
arrecife (m) de coral	**koralliriutta**	[korɑlli·riuttɑ]
profundo (adj)	**syvä**	[syʋæ]

profundidad (f)	syvyys	[syʊy:s]
abismo (m)	syvänne	[syʊænne]
fosa (f) oceánica	hauta	[hauta]

| corriente (f) | virta | [ʊirta] |
| bañar (rodear) | huuhdella | [hu:hdella] |

| orilla (f) | merenranta | [meren·ranta] |
| costa (f) | rannikko | [rannikko] |

flujo (m)	vuoksi	[ʊuoksi]
reflujo (m)	laskuvesi	[lasku·ʊesi]
banco (m) de arena	matalikko	[matalikko]
fondo (m)	pohja	[pohja]

ola (f)	aalto	[a:lto]
cresta (f) de la ola	aallonharja	[a:llon·harja]
espuma (f)	vaahto	[ʊa:hto]

tempestad (f)	myrsky	[myrsky]
huracán (m)	hirmumyrsky	[hirmu·myrsky]
tsunami (m)	tsunami	[tsunami]
bonanza (f)	tyyni	[ty:yni]
calmo, tranquilo	rauhallinen	[rauhallinen]

| polo (m) | napa | [napa] |
| polar (adj) | napa-, polaarinen | [napa], [pola:rinen] |

latitud (f)	leveyspiiri	[leʊeys·pi:ri]
longitud (f)	pituus	[pitu:s]
paralelo (m)	leveyspiiri	[leʊeys·pi:ri]
ecuador (m)	päiväntasaaja	[pæjʊæn·tasa:ja]

cielo (m)	taivas	[tajʊas]
horizonte (m)	horisontti	[horisontti]
aire (m)	ilma	[ilma]

faro (m)	majakka	[majakka]
bucear (vi)	sukeltaa	[sukelta:]
hundirse (vr)	upota	[upota]
tesoros (m pl)	aarteet	[a:rte:t]

78. Los nombres de los mares y los océanos

océano (m) Atlántico	Atlantin valtameri	[atlantin ʊalta meri]
océano (m) Índico	Intian valtameri	[intian ʊalta·meri]
océano (m) Pacífico	Tyynimeri	[ty:ni·meri]
océano (m) Glacial Ártico	Pohjoinen jäämeri	[pohjoinen jæ:meri]
mar (m) Negro	Mustameri	[musta·meri]
mar (m) Rojo	Punainenmeri	[punajnen·meri]

| mar (m) Amarillo | Keltainenmeri | [keltɑjnen·meri] |
| mar (m) Blanco | Vienanmeri | [ʋjenɑn·meri] |

mar (m) Caspio	Kaspianmeri	[kɑspiɑn·meri]
mar (m) Muerto	Kuollutmeri	[kuollut·meri]
mar (m) Mediterráneo	Välimeri	[ʋæli·meri]

| mar (m) Egeo | Egeanmeri | [egeɑn·meri] |
| mar (m) Adriático | Adrianmeri | [ɑdriɑn·meri] |

mar (m) Arábigo	Arabianmeri	[ɑrɑbiɑn·meri]
mar (m) del Japón	Japaninmeri	[jɑpɑnin·meri]
mar (m) de Bering	Beringinmeri	[beriŋin·meri]
mar (m) de la China Meridional	Etelä-Kiinan meri	[etelæ·ki:nɑn meri]

mar (m) del Coral	Korallimeri	[korɑlli·meri]
mar (m) de Tasmania	Tasmaninmeri	[tɑsmɑnin·meri]
mar (m) Caribe	Karibianmeri	[kɑribiɑn·meri]

| mar (m) de Barents | Barentsinmeri | [bɑrentsin·meri] |
| mar (m) de Kara | Karanmeri | [kɑrɑn·meri] |

mar (m) del Norte	Pohjanmeri	[pohjɑn·meri]
mar (m) Báltico	Itämeri	[itæ·meri]
mar (m) de Noruega	Norjanmeri	[norjɑn·meri]

79. Las montañas

montaña (f)	vuori	[ʋuori]
cadena (f) de montañas	vuorijono	[ʋuori·jono]
cresta (f) de montañas	vuorenharjanne	[ʋuoren·hɑrjɑnne]

cima (f)	huippu	[hujppu]
pico (m)	vuorenhuippu	[ʋuoren·hujppu]
pie (m)	juuri	[ju:ri]
cuesta (f)	rinne	[rinne]

volcán (m)	tulivuori	[tuli·ʋuori]
volcán (m) activo	toimiva tulivuori	[tojmiʋɑ tuli·ʋuori]
volcán (m) apagado	sammunut tulivuori	[sɑmmunut tuli·ʋuori]

erupción (f)	purkaus	[purkɑus]
cráter (m)	kraatteri	[krɑ:teri]
magma (m)	magma	[mɑgmɑ]
lava (f)	laava	[lɑ:ʋɑ]
fundido (lava ~a)	sulaa, hehkuva	[sulɑ:], [hehkuʋɑ]

| cañón (m) | kanjoni | [kɑnjoni] |
| desfiladero (m) | rotko | [rotko] |

grieta (f)	halkeama	[halkeama]
precipicio (m)	kuilu	[kujlu]

puerto (m) (paso)	sola	[sola]
meseta (f)	ylätasanko	[ylæ·tasaŋko]
roca (f)	kalju	[kalju]
colina (f)	mäki	[mæki]

glaciar (m)	jäätikkö	[jæːtikkø]
cascada (f)	vesiputous	[ʋesi·putous]
geiser (m)	geisir	[gejsir]
lago (m)	järvi	[jærʋi]

llanura (f)	tasanko	[tasaŋko]
paisaje (m)	maisema	[majsema]
eco (m)	kaiku	[kajku]

alpinista (m)	vuorikiipeilijä	[ʋuori·kiːpejlijæ]
escalador (m)	vuorikiipeilijä	[ʋuori·kiːpejlijæ]
conquistar (vt)	valloittaa	[ʋallojttaː]
ascensión (f)	nousu	[nousu]

80. Los nombres de las montañas

Alpes (m pl)	Alpit	[alpit]
Montblanc (m)	Mont Blanc	[monblaŋ]
Pirineos (m pl)	Pyreneet	[pyrineːt]

Cárpatos (m pl)	Karpaatit	[karpaːtit]
Urales (m pl)	Ural	[ural]
Cáucaso (m)	Kaukasus	[kaukasus]
Elbrus (m)	Elbrus	[elbrus]

Altai (m)	Altai	[altaj]
Tian-Shan (m)	Tienšan	[tien·ʃan]
Pamir (m)	Pamir	[pamir]
Himalayos (m pl)	Himalaja	[himalaja]
Everest (m)	Mount Everest	[maunt eʋerest]

Andes (m pl)	Andit	[andit]
Kilimanjaro (m)	Kilimanjaro	[kilimanjaro]

81. Los ríos

río (m)	joki	[joki]
manantial (m)	lähde	[læhde]
lecho (m) (curso de agua)	uoma	[uoma]
cuenca (f) fluvial	joen vesistö	[joen ʋesistø]

desembocar en ...	**laskea**	[lɑskeɑ]
afluente (m)	**sivujoki**	[siʋu·joki]
ribera (f)	**ranta**	[rɑntɑ]
corriente (f)	**virta**	[ʋirtɑ]
río abajo (adv)	**myötävirtaan**	[myøtæʋirtɑ:n]
río arriba (adv)	**ylävirtaan**	[ylæ·ʋirtɑ:n]
inundación (f)	**tulva**	[tulʋɑ]
riada (f)	**kevättulva**	[keʋæt·tulʋɑ]
desbordarse (vr)	**tulvia**	[tulʋiɑ]
inundar (vt)	**upottaa**	[upottɑ:]
bajo (m) arenoso	**matalikko**	[mɑtɑlikko]
rápido (m)	**koski**	[koski]
presa (f)	**pato**	[pɑto]
canal (m)	**kanava**	[kɑnɑʋɑ]
lago (m) artificiale	**vedensäiliö**	[ʋeden·sæjliø]
esclusa (f)	**sulku**	[sulku]
cuerpo (m) de agua	**vesistö**	[ʋesistø]
pantano (m)	**suo**	[suo]
ciénaga (f)	**hete**	[hete]
remolino (m)	**vesipyörre**	[ʋesi·pyørre]
arroyo (m)	**puro**	[puro]
potable (adj)	**juoma-**	[yomɑ]
dulce (agua ~)	**makea**	[mɑkeɑ]
hielo (m)	**jää**	[jæ:]
helarse (el lago, etc.)	**jäätyä**	[jæ:tyæ]

82. Los nombres de los ríos

Sena (m)	**Seine**	[sen]
Loira (m)	**Loire**	[luɑ:r]
Támesis (m)	**Thames**	[tæms]
Rin (m)	**Rein**	[rejn]
Danubio (m)	**Tonava**	[tonɑʋɑ]
Volga (m)	**Volga**	[ʋolgɑ]
Don (m)	**Don**	[don]
Lena (m)	**Lena**	[lenɑ]
Río (m) Amarillo	**Keltainenjoki**	[keltɑjnen·joki]
Río (m) Azul	**Jangtse**	[jɑŋtse]
Mekong (m)	**Mekong**	[mekoŋ]
Ganges (m)	**Ganges**	[gɑŋes]

Nilo (m)	Niili	[ni:li]
Congo (m)	Kongo	[koŋo]
Okavango (m)	Okavango	[okaʋaŋo]
Zambeze (m)	Sambesi	[sambesi]
Limpopo (m)	Limpopo	[limpopo]
Misisipi (m)	Mississippi	[mississippi]

83. El bosque

| bosque (m) | metsä | [metsæ] |
| de bosque (adj) | metsä- | [metsæ] |

espesura (f)	tiheikkö	[tiɦejkkø]
bosquecillo (m)	lehto	[lehto]
claro (m)	aho	[aɦo]

| maleza (f) | tiheikkö | [tiɦejkkø] |
| matorral (m) | pensasaro | [pensas·aro] |

| senda (f) | polku | [polku] |
| barranco (m) | rotko | [rotko] |

árbol (m)	puu	[pu:]
hoja (f)	lehti	[lehti]
follaje (m)	lehvistö	[lehʋistø]

caída (f) de hojas	lehdenlähtö	[lehden·læhtø]
caer (las hojas)	karista	[karista]
cima (f)	latva	[latʋa]

rama (f)	oksa	[oksa]
rama (f) (gruesa)	oksa	[oksa]
brote (m)	silmu	[silmu]
aguja (f)	neulanen	[neulanen]
piña (f)	käpy	[kæpy]

| agujero (m) | pesäkolo | [pesæ·kolo] |
| nido (m) | pesä | [pesæ] |

tronco (m)	runko	[ruŋko]
raíz (f)	juuri	[ju:ri]
corteza (f)	kuori	[kuori]
musgo (m)	sammal	[sammal]

extirpar (vt)	juuria	[ju:ria]
talar (vt)	hakata	[hakata]
deforestar (vt)	kaataa puita	[ka:ta: pujta]
tocón (m)	kanto	[kanto]
hoguera (f)	nuotio	[nuotio]
incendio (m) forestal	metsäpalo	[metsæ·palo]

apagar (~ el incendio)	sammuttaa	[sɑmmuttɑ:]
guarda (m) forestal	metsänvartija	[metsæn·ʋɑrtijɑ]
protección (f)	suojelu	[suojelu]
proteger (vt)	suojella	[suojellɑ]
cazador (m) furtivo	salametsästäjä	[sɑlɑ·metsæstæjæ]
cepo (m)	raudat	[rɑudɑt]

recoger (setas)	sienestää	[sienestæ:]
recoger (bayas)	marjastaa	[mɑrjɑstɑ:]
perderse (vr)	eksyä	[eksyæ]

84. Los recursos naturales

recursos (m pl) naturales	luonnonvarat	[luonnon·ʋɑrɑt]
recursos (m pl) subterráneos	fossiiliset resurssit	[fossi:liset resurssit]
depósitos (m pl)	esiintymä	[esi:ntymæ]
yacimiento (m)	kenttä	[kenttæ]

extraer (vt)	louhia	[louhiɑ]
extracción (f)	kaivostoiminta	[kɑjʋos·tojmintɑ]
mena (f)	malmi	[mɑlmi]
mina (f)	kaivos	[kɑjʋos]
pozo (m) de mina	kaivos	[kɑjʋos]
minero (m)	kaivosmies	[kɑjʋosmies]

gas (m)	kaasu	[kɑ:su]
gasoducto (m)	maakaasuputki	[mɑ:kɑ:su·putki]
petróleo (m)	öljy	[øljy]
oleoducto (m)	öljyjohto	[øljy·johto]
pozo (m) de petróleo	öljynporausreikä	[øljyn·porɑus·rejkæ]
torre (f) de sondeo	öljynporaustorni	[øljyn·porɑus·torni]
petrolero (m)	tankkilaiva	[tɑŋkki·lɑjʋɑ]

arena (f)	hiekka	[hiekkɑ]
caliza (f)	kalkkikivi	[kɑlkki·kiʋi]
grava (f)	sora	[sorɑ]
turba (f)	turve	[turʋe]
arcilla (f)	savi	[sɑʋi]
carbón (m)	hiili	[hi:li]

hierro (m)	rauta	[rɑutɑ]
oro (m)	kulta	[kultɑ]
plata (f)	hopea	[hopeɑ]
níquel (m)	nikkeli	[nikkeli]
cobre (m)	kupari	[kupɑri]

zinc (m)	sinkki	[siŋkki]
manganeso (m)	mangaani	[mɑŋɑ:ni]
mercurio (m)	elohopea	[elo·hopeɑ]

plomo (m)	lyijy	[lyjy]
mineral (m)	mineraali	[minera:li]
cristal (m)	kristalli	[kristalli]
mármol (m)	marmori	[marmori]
uranio (m)	uraani	[ura:ni]

85. El tiempo

tiempo (m)	sää	[sæ:]
previsión (f) del tiempo	sääennuste	[sæ:ennuste]
temperatura (f)	lämpötila	[læmpøtila]
termómetro (m)	lämpömittari	[læmpø·mittari]
barómetro (m)	ilmapuntari	[ilma·puntari]

húmedo (adj)	kostea	[kostea]
humedad (f)	kosteus	[kosteus]
bochorno (m)	helle	[helle]
tórrido (adj)	kuuma	[ku:ma]
hace mucho calor	on kuumaa	[on ku:ma:]

| hace calor (templado) | on lämmintä | [on læmmintæ] |
| templado (adj) | lämmin | [læmmin] |

| hace frío | on kylmää | [on kylmæ:] |
| frío (adj) | kylmä | [kylmæ] |

sol (m)	aurinko	[auriŋko]
brillar (vi)	paistaa	[pajsta:]
soleado (un día ~)	aurinkoinen	[auriŋkojnen]
elevarse (el sol)	nousta	[nousta]
ponerse (vr)	istuutua	[istu:tua]

nube (f)	pilvi	[pilui]
nuboso (adj)	pilvinen	[piluinen]
nubarrón (m)	sadepilvi	[sade·pilui]
nublado (adj)	hämärä	[hæmæræ]

lluvia (f)	sade	[sade]
está lloviendo	sataa vettä	[sata: uettæ]
lluvioso (adj)	sateinen	[satejnen]
lloviznar (vi)	vihmoa	[uihmoa]

aguacero (m)	kaatosade	[ka:to·sade]
chaparrón (m)	rankkasade	[raŋkka·sade]
fuerte (la lluvia ~)	rankka	[raŋkka]
charco (m)	lätäkkö	[lætækkø]
mojarse (vr)	tulla märäksi	[tulla mæræksi]

| niebla (f) | sumu | [sumu] |
| nebuloso (adj) | sumuinen | [sumujnen] |

| nieve (f) | lumi | [lumi] |
| está nevando | sataa lunta | [sɑtɑ: luntɑ] |

86. Los eventos climáticos severos. Los desastres naturales

tormenta (f)	ukkonen	[ukkonen]
relámpago (m)	salama	[sɑlɑmɑ]
relampaguear (vi)	välkkyä	[ʋælkkyæ]

trueno (m)	ukkonen	[ukkonen]
tronar (vi)	jyristä	[yristæ]
está tronando	ukkonen jyrisee	[ukkonen yrise:]

| granizo (m) | raesade | [rɑesɑde] |
| está granizando | sataa rakeita | [sɑtɑ: rɑkejtɑ] |

| inundar (vt) | upottaa | [upottɑ:] |
| inundación (f) | tulva | [tulʋɑ] |

terremoto (m)	maanjäristys	[mɑ:n·jɑristys]
sacudida (f)	maantärähdys	[mɑ:n·tæræhdys]
epicentro (m)	episentrumi	[episentrumi]

| erupción (f) | purkaus | [purkɑus] |
| lava (f) | laava | [lɑ:ʋɑ] |

torbellino (m)	pyörremyrsky	[pyørre·myrsky]
tornado (m)	tornado	[tornɑdo]
tifón (m)	taifuuni	[tɑjfu:ni]

huracán (m)	hirmumyrsky	[hirmu·myrsky]
tempestad (f)	myrsky	[myrsky]
tsunami (m)	tsunami	[tsunɑmi]

ciclón (m)	sykloni	[sykloni]
mal tiempo (m)	koiranilma	[kojrɑn·ilmɑ]
incendio (m)	palo	[pɑlo]
catástrofe (f)	katastrofi	[kɑtɑstrofi]
meteorito (m)	meteoriitti	[meteori:tti]

avalancha (f)	lumivyöry	[lumi·ʋyøry]
alud (m) de nieve	lumivyöry	[lumi·ʋyøry]
ventisca (f)	pyry	[pyry]
nevasca (f)	pyry	[pyry]

T&P BOOKS

LA FAUNA

T&P Books Publishing

87. Los mamíferos. Los predadores

carnívoro (m)	**peto**	[peto]
tigre (m)	**tiikeri**	[ti:keri]
león (m)	**leijona**	[leijonɑ]
lobo (m)	**susi**	[susi]
zorro (m)	**kettu**	[kettu]
jaguar (m)	**jaguaari**	[jɑguɑ:ri]
leopardo (m)	**leopardi**	[leopɑrdi]
guepardo (m)	**gepardi**	[gepɑrdi]
pantera (f)	**pantteri**	[pɑntteri]
puma (f)	**puuma**	[pu:mɑ]
leopardo (m) de las nieves	**lumileopardi**	[lumi·leopɑrdi]
lince (m)	**ilves**	[ilʊes]
coyote (m)	**kojootti**	[kojo:tti]
chacal (m)	**sakaali**	[sɑkɑ:li]
hiena (f)	**hyeena**	[hye:nɑ]

88. Los animales salvajes

animal (m)	**eläin**	[elæjn]
bestia (f)	**peto**	[peto]
ardilla (f)	**orava**	[orɑʊɑ]
erizo (m)	**siili**	[si:li]
liebre (f)	**jänis**	[jænis]
conejo (m)	**kaniini**	[kɑni:ni]
tejón (m)	**mäyrä**	[mæuræ]
mapache (m)	**pesukarhu**	[pesu·kɑrhu]
hámster (m)	**hamsteri**	[hɑmsteri]
marmota (f)	**murmeli**	[murmeli]
topo (m)	**maamyyrä**	[mɑ:my:ræ]
ratón (m)	**hiiri**	[hi:ri]
rata (f)	**rotta**	[rottɑ]
murciélago (m)	**lepakko**	[lepɑkko]
armiño (m)	**kärppä**	[kærppæ]
cebellina (f)	**soopeli**	[so:peli]
marta (f)	**näätä**	[næ:tæ]

comadreja (f)	lumikko	[lumikko]
visón (m)	minkki	[miŋkki]
castor (m)	majava	[majaʋa]
nutria (f)	saukko	[saukko]
caballo (m)	hevonen	[heʋonen]
alce (m)	hirvi	[hirʋi]
ciervo (m)	poro	[poro]
camello (m)	kameli	[kameli]
bisonte (m)	biisoni	[bi:soni]
uro (m)	visentti	[ʋisentti]
búfalo (m)	puhveli	[puhʋeli]
cebra (f)	seepra	[se:pra]
antílope (m)	antilooppi	[antilo:ppi]
corzo (m)	metsäkauris	[metsæ·kauris]
gamo (m)	kuusipeura	[ku:si·peura]
gamuza (f)	gemssi	[gemssi]
jabalí (m)	villisika	[ʋilli·sika]
ballena (f)	valas	[ʋalas]
foca (f)	hylje	[hylje]
morsa (f)	mursu	[mursu]
oso (m) marino	merikarhu	[meri·karhu]
delfín (m)	delfiini	[delfi:ni]
oso (m)	karhu	[karhu]
oso (m) blanco	jääkarhu	[jæ:karhu]
panda (f)	panda	[panda]
mono (m)	apina	[apina]
chimpancé (m)	simpanssi	[simpanssi]
orangután (m)	oranki	[oraŋki]
gorila (m)	gorilla	[gorilla]
macaco (m)	makaki	[makaki]
gibón (m)	gibboni	[gibboni]
elefante (m)	norsu	[norsu]
rinoceronte (m)	sarvikuono	[sarʋi·kuono]
jirafa (f)	kirahvi	[kirahʋi]
hipopótamo (m)	virtahepo	[ʋirta·hepo]
canguro (m)	kenguru	[keŋuru]
koala (f)	pussikarhu	[pussi·karhu]
mangosta (f)	faaraorotta	[fa:rao·rotta]
chinchilla (f)	sinsilla	[sinsilla]
mofeta (f)	haisunäätä	[hajsunæ:tæ]
espín (m)	piikkisika	[pi:kki·sika]

89. Los animales domésticos

gata (f)	kissa	[kissa]
gato (m)	kollikissa	[kolli·kissa]
perro (m)	koira	[kojra]
caballo (m)	hevonen	[heʋonen]
garañón (m)	ori	[ori]
yegua (f)	tamma	[tamma]
vaca (f)	lehmä	[lehmæ]
toro (m)	sonni	[sonni]
buey (m)	härkä	[hærkæ]
oveja (f)	lammas	[lammas]
carnero (m)	pässi	[pæssi]
cabra (f)	vuohi	[ʋuoɦi]
cabrón (m)	pukki	[pukki]
asno (m)	aasi	[ɑːsi]
mulo (m)	muuli	[muːli]
cerdo (m)	sika	[sika]
cerdito (m)	porsas	[porsas]
conejo (m)	kaniini	[kaniːni]
gallina (f)	kana	[kana]
gallo (m)	kukko	[kukko]
pato (m)	ankka	[aŋkka]
ánade (m)	urosankka	[uros·aŋkka]
ganso (m)	hanhi	[hanhi]
pavo (m)	uroskalkkuna	[uros·kalkkuna]
pava (f)	kalkkuna	[kalkkuna]
animales (m pl) domésticos	kotieläimet	[koti·elæjmet]
domesticado (adj)	kesy	[kesy]
domesticar (vt)	kesyttää	[kesyttæː]
criar (vt)	kasvattaa	[kasʋattaː]
granja (f)	farmi	[farmi]
aves (f pl) de corral	siipikarja	[siːpi·karja]
ganado (m)	karja	[karja]
rebaño (m)	lauma	[lauma]
caballeriza (f)	hevostalli	[heʋos·talli]
porqueriza (f)	sikala	[sikala]
vaquería (f)	navetta	[naʋetta]
conejal (m)	kanikoppi	[kani·koppi]
gallinero (m)	kanala	[kanala]

90. Los pájaros

pájaro (m)	lintu	[lintu]
paloma (f)	kyyhky	[ky:hky]
gorrión (m)	varpunen	[ʋarpunen]
carbonero (m)	tiainen	[tiɑjnen]
urraca (f)	harakka	[hɑrɑkkɑ]
cuervo (m)	korppi	[korppi]
corneja (f)	varis	[ʋaris]
chova (f)	naakka	[nɑ:kkɑ]
grajo (m)	mustavaris	[mustɑ·ʋaris]
pato (m)	ankka	[ɑŋkkɑ]
ganso (m)	hanhi	[hɑnhi]
faisán (m)	fasaani	[fɑsɑ:ni]
águila (f)	kotka	[kotkɑ]
azor (m)	haukka	[hɑukkɑ]
halcón (m)	jalohaukka	[jɑlo·hɑukkɑ]
buitre (m)	korppikotka	[korppi·kotkɑ]
cóndor (m)	kondori	[kondori]
cisne (m)	joutsen	[joutsen]
grulla (f)	kurki	[kurki]
cigüeña (f)	haikara	[hɑjkɑrɑ]
loro (m), papagayo (m)	papukaija	[pɑpukɑijɑ]
colibrí (m)	kolibri	[kolibri]
pavo (m) real	riikinkukko	[ri:kiŋ·kukko]
avestruz (m)	strutsi	[strutsi]
garza (f)	haikara	[hɑjkɑrɑ]
flamenco (m)	flamingo	[flɑmiŋo]
pelícano (m)	pelikaani	[pelikɑ:ni]
ruiseñor (m)	satakieli	[sɑtɑ·kieli]
golondrina (f)	pääskynen	[pæ:skynen]
tordo (m)	rastas	[rɑstɑs]
zorzal (m)	laulurastas	[lɑulu·rɑstɑs]
mirlo (m)	mustarastas	[mustɑ·rɑstɑs]
vencejo (m)	tervapääsky	[terʋɑ·pæ:sky]
alondra (f)	leivonen	[lejʋonen]
codorniz (f)	viiriäinen	[ʋi:riæjnen]
pájaro carpintero (m)	tikka	[tikkɑ]
cuco (m)	käki	[kæki]
lechuza (f)	pöllö	[pøllø]
búho (m)	huuhkaja	[hu:hkɑjɑ]

urogallo (m)	**metso**	[metso]
gallo lira (m)	**teeri**	[te:ri]
perdiz (f)	**peltopyy**	[pelto·py:]
estornino (m)	**kottarainen**	[kottarajnen]
canario (m)	**kanarialintu**	[kanaria·lintu]
ortega (f)	**pyy**	[py:]
pinzón (m)	**peippo**	[pejppo]
camachuelo (m)	**punatulkku**	[puna·tulkku]
gaviota (f)	**lokki**	[lokki]
albatros (m)	**albatrossi**	[albatrossi]
pingüino (m)	**pingviini**	[piŋui:ni]

91. Los peces. Los animales marinos

brema (f)	**lahna**	[lahna]
carpa (f)	**karppi**	[karppi]
perca (f)	**ahven**	[ahuen]
siluro (m)	**monni**	[monni]
lucio (m)	**hauki**	[hauki]
salmón (m)	**lohi**	[lohi]
esturión (m)	**sampi**	[sampi]
arenque (m)	**silli**	[silli]
salmón (m) del Atlántico	**merilohi**	[meri·lohi]
caballa (f)	**makrilli**	[makrilli]
lenguado (m)	**kampela**	[kampela]
lucioperca (f)	**kuha**	[kuha]
bacalao (m)	**turska**	[turska]
atún (m)	**tonnikala**	[tonnikala]
trucha (f)	**taimen**	[tajmen]
anguila (f)	**ankerias**	[aŋkerias]
raya (f) eléctrica	**rausku**	[rausku]
morena (f)	**mureena**	[mure:na]
piraña (f)	**punapiraija**	[puna·piraija]
tiburón (m)	**hai**	[haj]
delfín (m)	**delfiini**	[delfi:ni]
ballena (f)	**valas**	[ualas]
centolla (f)	**taskurapu**	[tasku·rapu]
medusa (f)	**meduusa**	[medu:sa]
pulpo (m)	**meritursas**	[meri·tursas]
estrella (f) de mar	**meritähti**	[meri·tæhti]
erizo (m) de mar	**merisiili**	[meri·si:li]

caballito (m) de mar	merihevonen	[meri·heʋonen]
ostra (f)	osteri	[osteri]
camarón (m)	katkarapu	[katkarapu]
bogavante (m)	hummeri	[hummeri]
langosta (f)	langusti	[laŋusti]

92. Los anfibios. Los reptiles

serpiente (f)	käärme	[kæːrme]
venenoso (adj)	myrkky-, myrkyllinen	[myrkky], [myrkyllinen]
víbora (f)	kyy	[kyː]
cobra (f)	silmälasikäärme	[silmælasi·kæːrme]
pitón (m)	pyton	[pyton]
boa (f)	jättiläiskäärme	[jættilæjs·kæːrme]
culebra (f)	turhakäärme	[turha·kæːrme]
serpiente (m) de cascabel	kalkkarokäärme	[kalkkaro·kæːrme]
anaconda (f)	anakonda	[anakonda]
lagarto (m)	lisko	[lisko]
iguana (f)	iguaani	[iguaːni]
varano (m)	varaani	[ʋaraːni]
salamandra (f)	salamanteri	[salamanteri]
camaleón (m)	kameleontti	[kameleontti]
escorpión (m)	skorpioni	[skorpioni]
tortuga (f)	kilpikonna	[kilpi·konna]
rana (f)	sammakko	[sammakko]
sapo (m)	konna	[konna]
cocodrilo (m)	krokotiili	[krokotiːli]

93. Los insectos

insecto (m)	hyönteinen	[hyøntejnen]
mariposa (f)	perhonen	[perhonen]
hormiga (f)	muurahainen	[muːrahajnen]
mosca (f)	kärpänen	[kærpænen]
mosquito (m)	hyttynen	[hyttynen]
(picadura de ~)		
escarabajo (m)	kovakuoriainen	[koʋa·kuoriajnen]
avispa (f)	ampiainen	[ampiajnen]
abeja (f)	mehiläinen	[mehilæjnen]
abejorro (m)	kimalainen	[kimalajnen]
moscardón (m)	kiiliäinen	[kiːliæjnen]
araña (f)	hämähäkki	[hæmæhækki]
telaraña (f)	hämähäkinseitti	[hæmæhækin·sejtti]

libélula (f)	**sudenkorento**	[sudeŋ·korento]
saltamontes (m)	**hepokatti**	[hepokatti]
mariposa (f) nocturna	**yöperhonen**	[yø·perhonen]
cucaracha (f)	**torakka**	[torɑkkɑ]
garrapata (f)	**punkki**	[puŋkki]
pulga (f)	**kirppu**	[kirppu]
mosca (f) negra	**mäkärä**	[mækæræ]
langosta (f)	**kulkusirkka**	[kulku·sirkkɑ]
caracol (m)	**etana**	[etɑnɑ]
grillo (m)	**sirkka**	[sirkkɑ]
luciérnaga (f)	**kiiltomato**	[kiːlto·mɑto]
mariquita (f)	**leppäkerttu**	[leppæ·kerttu]
sanjuanero (m)	**turilas**	[turilɑs]
sanguijuela (f)	**juotikas**	[juotikɑs]
oruga (f)	**toukka**	[toukkɑ]
lombriz (m) de tierra	**kastemato**	[kɑste·mɑto]
larva (f)	**toukka**	[toukkɑ]

LA FLORA

T&P Books Publishing

árbol (m)	**puu**	[puː]
foliáceo (adj)	**lehti-**	[lehti]
conífero (adj)	**havu-**	[hɑʋu]
de hoja perenne	**ikivihreä**	[ikiʋihreɑ]
manzano (m)	**omenapuu**	[omenɑ·puː]
peral (m)	**päärynäpuu**	[pæːrynæ·puː]
cerezo (m)	**linnunkirsikkapuu**	[linnun·kirsikkɑpuː]
guindo (m)	**hapankirsikkapuu**	[hɑpɑn·kirsikkɑpuː]
ciruelo (m)	**luumupuu**	[luːmu·puː]
abedul (m)	**koivu**	[kojʋu]
roble (m)	**tammi**	[tɑmmi]
tilo (m)	**lehmus**	[lehmus]
pobo (m)	**haapa**	[hɑːpɑ]
arce (m)	**vaahtera**	[ʋɑːhterɑ]
pícea (f)	**kuusipuu**	[kuːsi·puː]
pino (m)	**mänty**	[mænty]
alerce (m)	**lehtikuusi**	[lehti·kuːsi]
abeto (m)	**jalokuusi**	[jɑloku:si]
cedro (m)	**setri**	[setri]
álamo (m)	**poppeli**	[poppeli]
serbal (m)	**pihlaja**	[pihlɑjɑ]
sauce (m)	**paju**	[pɑju]
aliso (m)	**leppä**	[leppæ]
haya (f)	**pyökki**	[pyøkki]
olmo (m)	**jalava**	[jɑlɑʋɑ]
fresno (m)	**saarni**	[sɑːrni]
castaño (m)	**kastanja**	[kɑstɑnjɑ]
magnolia (f)	**magnolia**	[mɑgnoliɑ]
palmera (f)	**palmu**	[pɑlmu]
ciprés (m)	**sypressi**	[sypressi]
mangle (m)	**mangrove**	[mɑŋroʋe]
baobab (m)	**apinanleipäpuu**	[ɑpinɑn·lejpæpuː]
eucalipto (m)	**eukalyptus**	[eukɑlyptus]
secoya (f)	**punapuu**	[punɑ·puː]

95. Los arbustos

mata (f)	pensas	[pensɑs]
arbusto (m)	pensaikko	[pensɑjkko]
vid (f)	viinirypäleet	[ʋi:ni·rypæle:t]
viñedo (m)	viinitarha	[ʋi:ni·tɑrhɑ]
frambueso (m)	vadelma	[ʋɑdelmɑ]
grosellero (m) negro	mustaherukka	[mustɑ·herukkɑ]
grosellero (m) rojo	punaherukka	[punɑ·herukkɑ]
grosellero (m) espinoso	karviainen	[kɑrʋiɑjnen]
acacia (f)	akasia	[ɑkɑsiɑ]
berberís (m)	happomarja	[hɑppomɑrjɑ]
jazmín (m)	jasmiini	[jɑsmi:ni]
enebro (m)	kataja	[kɑtɑjɑ]
rosal (m)	ruusupensas	[ru:su·pensɑs]
escaramujo (m)	villiruusu	[ʋilli·ru:su]

96. Las frutas. Las bayas

fruto (m)	hedelmä	[hedelmæ]
frutos (m pl)	hedelmät	[hedelmæt]
manzana (f)	omena	[omenɑ]
pera (f)	päärynä	[pæ:rynæ]
ciruela (f)	luumu	[lu:mu]
fresa (f)	mansikka	[mɑnsikkɑ]
guinda (f)	hapankirsikka	[hɑpɑn·kirsikkɑ]
cereza (f)	linnunkirsikka	[linnun·kirsikkɑ]
uva (f)	viinirypäleet	[ʋi:ni·rypæle:t]
frambuesa (f)	vadelma	[ʋɑdelmɑ]
grosella (f) negra	mustaherukka	[mustɑ·herukkɑ]
grosella (f) roja	punaherukka	[punɑ·herukkɑ]
grosella (f) espinosa	karviainen	[kɑrʋiɑjnen]
arándano (m) agrio	karpalo	[kɑrpɑlo]
naranja (f)	appelsiini	[ɑppelsi:ni]
mandarina (f)	mandariini	[mɑndɑri:ni]
piña (f)	ananas	[ɑnɑnɑs]
banana (f)	banaani	[bɑnɑ:ni]
dátil (m)	taateli	[tɑ:teli]
limón (m)	sitruuna	[sitru:nɑ]
albaricoque (m)	aprikoosi	[ɑpriko:si]
melocotón (m)	persikka	[persikkɑ]

kiwi (m)	**kiivi**	[ki:ʋi]
toronja (f)	**greippi**	[grejppi]
baya (f)	**marja**	[marja]
bayas (f pl)	**marjat**	[marjat]
arándano (m) rojo	**puolukka**	[puolukka]
fresa (f) silvestre	**ahomansikka**	[aho·mansikka]
arándano (m)	**mustikka**	[mustikka]

97. Las flores. Las plantas

flor (f)	**kukka**	[kukka]
ramo (m) de flores	**kukkakimppu**	[kukka·kimppu]
rosa (f)	**ruusu**	[ru:su]
tulipán (m)	**tulppani**	[tulppani]
clavel (m)	**neilikka**	[nejlikka]
gladiolo (m)	**miekkalilja**	[miekkalilja]
aciano (m)	**kaunokki**	[kaunokki]
campanilla (f)	**kissankello**	[kissan·kello]
diente (m) de león	**voikukka**	[ʋoj·kukka]
manzanilla (f)	**päivänkakkara**	[pæjʋæn·kakkara]
áloe (m)	**aaloe**	[a:loe]
cacto (m)	**kaktus**	[kaktus]
ficus (m)	**fiikus**	[fi:kus]
azucena (f)	**lilja**	[lilja]
geranio (m)	**kurjenpolvi**	[kurjen·polʋi]
jacinto (m)	**hyasintti**	[hyasintti]
mimosa (f)	**mimosa**	[mimosa]
narciso (m)	**narsissi**	[narsissi]
capuchina (f)	**koristekrassi**	[koriste·krassi]
orquídea (f)	**orkidea**	[orkidea]
peonía (f)	**pioni**	[pioni]
violeta (f)	**orvokki**	[orʋokki]
trinitaria (f)	**keto-orvokki**	[keto·orʋokki]
nomeolvides (f)	**lemmikki**	[lemmikki]
margarita (f)	**kaunokainen**	[kaunokajnen]
amapola (f)	**unikko**	[unikko]
cáñamo (m)	**hamppu**	[hamppu]
menta (f)	**minttu**	[minttu]
muguete (m)	**kielo**	[kielo]
campanilla (f) de las nieves	**lumikello**	[lumi·kello]

ortiga (f)	nokkonen	[nokkonen]
acedera (f)	suolaheinä	[suola·hejnæ]
nenúfar (m)	lumme	[lumme]
helecho (m)	saniainen	[saniajnen]
liquen (m)	jäkälä	[jækælæ]

invernadero (m) tropical	talvipuutarha	[talui·pu:tarha]
césped (m)	nurmikko	[nurmikko]
macizo (m) de flores	kukkapenkki	[kukka·peŋkki]

planta (f)	kasvi	[kasui]
hierba (f)	ruoho	[ruoho]
hoja (f) de hierba	heinänkorsi	[hejnæŋ·korsi]

hoja (f)	lehti	[lehti]
pétalo (m)	terälehti	[teræ·lehti]
tallo (m)	varsi	[uarsi]
tubérculo (m)	mukula	[mukula]

| retoño (m) | itu | [itu] |
| espina (f) | piikki | [pi:kki] |

florecer (vi)	kukkia	[kukkia]
marchitarse (vr)	kuihtua	[kujhtua]
olor (m)	tuoksu	[tuoksu]
cortar (vt)	leikata	[lejkata]
coger (una flor)	repiä	[repiæ]

98. Los cereales, los granos

grano (m)	vilja	[uilja]
cereales (m pl) (plantas)	viljat	[uiljat]
espiga (f)	tähkä	[tæhkæ]

trigo (m)	vehnä	[uehnæ]
centeno (m)	ruis	[rujs]
avena (f)	kaura	[kaura]

| mijo (m) | hirssi | [hirssi] |
| cebada (f) | ohra | [ohra] |

maíz (m)	maissi	[majssi]
arroz (m)	riisi	[ri:si]
alforfón (m)	tattari	[tattari]

guisante (m)	herne	[herne]
fréjol (m)	pavut	[pauut]
soya (f)	soija	[soija]
lenteja (f)	linssi	[linssi]
habas (f pl)	pavut	[pauut]

LOS PAÍSES

T&P Books Publishing

Afganistán (m)	**Afganistan**	[afganistan]
Albania (f)	**Albania**	[albania]
Alemania (f)	**Saksa**	[saksa]
Arabia (f) Saudita	**Saudi-Arabia**	[saudi·arabia]
Argentina (f)	**Argentiina**	[argenti:na]
Armenia (f)	**Armenia**	[armeniæ]
Australia (f)	**Australia**	[australia]
Austria (f)	**Itävalta**	[itæʋalta]
Azerbaiyán (m)	**Azerbaidžan**	[azerbajdʒan]
Bangladesh (m)	**Bangladesh**	[baŋladeʃ]
Bélgica (f)	**Belgia**	[belgia]
Bielorrusia (f)	**Valko-Venäjä**	[ʋalko·ʋenæejæ]
Bolivia (f) .	**Bolivia**	[boliʋia]
Bosnia y Herzegovina	**Bosnia ja Hertsegovina**	[bosnia ja hertsegoʋina]
Brasil (m)	**Brasilia**	[brasilia]
Bulgaria (f)	**Bulgaria**	[bulgaria]
Camboya (f)	**Kambodža**	[kambodʒa]
Canadá (f)	**Kanada**	[kanada]
Chequia (f)	**Tšekki**	[tʃekki]
Chile (m)	**Chile**	[tʃile]
China (f)	**Kiina**	[ki:na]
Chipre (m)	**Kypros**	[kypros]
Colombia (f)	**Kolumbia**	[kolumbia]
Corea (f) del Norte	**Pohjois-Korea**	[pohjois·korea]
Corea (f) del Sur	**Etelä-Korea**	[etelæ·korea]
Croacia (f)	**Kroatia**	[kroatia]
Cuba (f)	**Kuuba**	[ku:ba]
Dinamarca (f)	**Tanska**	[tanska]
Ecuador (m)	**Ecuador**	[ekuador]
Egipto (m)	**Egypti**	[egypti]
Emiratos (m pl) Árabes Unidos	**Arabiemiirikuntien liitto**	[arabi·emi:ri·kuntien li:tto]
Escocia (f)	**Skotlanti**	[skotlanti]
Eslovaquia (f)	**Slovakia**	[sloʋakia]
Eslovenia	**Slovenia**	[sloʋenia]
España (f)	**Espanja**	[espanja]
Estados Unidos de América	**Yhdysvallat**	[yhdys·ʋallat]
Estonia (f)	**Viro**	[ʋiro]
Finlandia (f)	**Suomi**	[suomi]
Francia (f)	**Ranska**	[ranska]

100. Los países. Unidad 2

Georgia (f)	Georgia	[georgia]
Ghana (f)	Ghana	[gana]
Gran Bretaña (f)	Iso-Britannia	[iso·britannia]
Grecia (f)	Kreikka	[krejkka]
Haití (m)	Haiti	[haiti]
Hungría (f)	Unkari	[uŋkari]
India (f)	Intia	[intia]
Indonesia (f)	Indonesia	[indonesia]
Inglaterra (f)	Englanti	[eŋlanti]
Irak (m)	Irak	[irak]
Irán (m)	Iran	[iran]
Irlanda (f)	Irlanti	[irlanti]
Islandia (f)	Islanti	[islanti]
Islas (f pl) Bahamas	Bahama	[bahama]
Israel (m)	Israel	[israel]
Italia (f)	Italia	[italia]
Jamaica (f)	Jamaika	[jamajka]
Japón (m)	Japani	[japani]
Jordania (f)	Jordania	[jordania]
Kazajstán (m)	Kazakstan	[kazakstan]
Kenia (f)	Kenia	[kenia]
Kirguizistán (m)	Kirgisia	[kirgisia]
Kuwait (m)	Kuwait	[kuʋajt]
Laos (m)	Laos	[laos]
Letonia (f)	Latvia	[latʋia]
Líbano (m)	Libanon	[libanon]
Libia (f)	Libya	[libya]
Liechtenstein (m)	Liechtenstein	[lihtenʃtajn]
Lituania (f)	Liettua	[liettua]
Luxemburgo (m)	Luxemburg	[lyksemburg]
Macedonia	Makedonia	[makedonia]
Madagascar (m)	Madagaskar	[madagaskar]
Malasia (f)	Malesia	[malesia]
Malta (f)	Malta	[malta]
Marruecos (m)	Marokko	[marokko]
Méjico (m)	Meksiko	[meksiko]
Moldavia (f)	Moldova	[moldoʋa]
Mónaco (m)	Monaco	[monako]
Mongolia (f)	Mongolia	[moŋolia]
Montenegro (m)	Montenegro	[monte·negro]
Myanmar (m)	Myanmar	[myanmar]

101. Los países. Unidad 3

Namibia (f)	**Namibia**	[namibiæ]
Nepal (m)	**Nepal**	[nepal]
Noruega (f)	**Norja**	[norja]
Nueva Zelanda (f)	**Uusi-Seelanti**	[uːsi·seːlanti]
Países Bajos (m pl)	**Alankomaat**	[alaŋkomaːt]
Pakistán (m)	**Pakistan**	[pakistan]
Palestina (f)	**Palestiinalaishallinto**	[palestiːnalajs·hallinto]
Panamá (f)	**Panama**	[panama]
Paraguay (m)	**Paraguay**	[paraguaj]
Perú (m)	**Peru**	[peru]
Polinesia (f) Francesa	**Ranskan Polynesia**	[ranskan polynesia]
Polonia (f)	**Puola**	[puola]
Portugal (m)	**Portugali**	[portugali]
República (f) Dominicana	**Dominikaaninen tasavalta**	[dominikaːninen tasavalta]
República (f) Sudafricana	**Etelä-Afrikka**	[etelæ·afrikka]
Rumania (f)	**Romania**	[romania]
Rusia (f)	**Venäjä**	[venæejæ]
Senegal (m)	**Senegal**	[senegal]
Serbia (f)	**Serbia**	[serbia]
Siria (f)	**Syyria**	[syːria]
Suecia (f)	**Ruotsi**	[ruotsi]
Suiza (f)	**Sveitsi**	[svejtsi]
Surinam (m)	**Suriname**	[suriname]
Tayikistán (m)	**Tadžhikistan**	[tadʒikistan]
Tailandia (f)	**Thaimaa**	[thajmaː]
Taiwán (m)	**Taiwan**	[tajuan]
Tanzania (f)	**Tansania**	[tansania]
Tasmania (f)	**Tasmania**	[tasmania]
Túnez (m)	**Tunisia**	[tunisia]
Turkmenistán (m)	**Turkmenistan**	[turkmenistan]
Turquía (f)	**Turkki**	[turkki]
Ucrania (f)	**Ukraina**	[ukrajna]
Uruguay (m)	**Uruguay**	[uruguaj]
Uzbekistán (m)	**Uzbekistan**	[uzbekistan]
Vaticano (m)	**Vatikaanivaltio**	[vatika·niː·valtio]
Venezuela (f)	**Venezuela**	[venezuela]
Vietnam (m)	**Vietnam**	[vjetnam]
Zanzíbar (m)	**Sansibar**	[sansibar]

GLOSARIO GASTRONÓMICO

Esta sección contiene una
gran cantidad de palabras y
términos asociados con la
comida. Este diccionario le hará
más fácil la comprensión
del menú de un restaurante y
la elección del plato adecuado

T&P Books Publishing

Español	Finlandés	Pronunciación
¡Que aproveche!	Hyvää ruokahalua!	[hyʊæ: ruokaħalua]
abrebotellas (m)	pullonavaaja	[pullon·aʊa:ja]
abrelatas (m)	purkinavaaja	[purkin·aʊa:ja]
aceite (m) de girasol	auringonkukkaöljy	[auriŋon·kukka·øljy]
aceite (m) de oliva	oliiviöljy	[oli:ʊi·øljy]
aceite (m) vegetal	kasviöljy	[kasʊi·øljy]
agua (f)	vesi	[ʊesi]
agua (f) mineral	kivennäisvesi	[kiʊennæjs·ʊesi]
agua (f) potable	juomavesi	[juoma·ʊesi]
aguacate (m)	avokado	[aʊokado]
ahumado (adj)	savustettu	[saʊustettu]
ajo (m)	valkosipuli	[ʊalko·sipuli]
albahaca (f)	basilika	[basilika]
albaricoque (m)	aprikoosi	[apriko:si]
alcachofa (f)	artisokka	[artisokka]
alforfón (m)	tattari	[tattari]
almendra (f)	manteli	[manteli]
almuerzo (m)	lounas	[lounas]
amargo (adj)	karvas	[karʊas]
anís (m)	anis	[anis]
anguila (f)	ankerias	[aŋkerias]
aperitivo (m)	aperitiivi	[aperiti:ʊi]
apetito (m)	ruokahalu	[ruoka·halu]
apio (m)	selleri	[selleri]
arándano (m)	mustikka	[mustikka]
arándano (m) agrio	karpalo	[karpalo]
arándano (m) rojo	puolukka	[puolukka]
arenque (m)	silli	[silli]
arroz (m)	riisi	[ri:si]
atún (m)	tonnikala	[tonnikala]
avellana (f)	hasselpähkinä	[hassel·pæhkinæ]
avena (f)	kaura	[kaura]
azúcar (m)	sokeri	[sokeri]
azafrán (m)	sahrami	[sahrami]
azucarado, dulce (adj)	makea	[makea]
bacalao (m)	turska	[turska]
banana (f)	banaani	[bana:ni]
bar (m)	baari	[ba:ri]
barman (m)	baarimestari	[ba:ri·mestari]
batido (m)	pirtelö	[pirtelø]
baya (f)	marja	[marja]
bayas (f pl)	marjat	[marjat]
bebida (f) sin alcohol	alkoholiton juoma	[alkoħoliton juoma]
bebidas (f pl) alcohólicas	alkoholijuomat	[alkoħoli·juomat]

beicon (m)	**pekoni**	[pekoni]
berenjena (f)	**munakoiso**	[muna·kojso]
bistec (m)	**pihvi**	[pihʊi]
bocadillo (m)	**voileipä**	[ʊoj·lejpæ]
boleto (m) áspero	**lehmäntatti**	[lehmæn·tatti]
boleto (m) castaño	**punikkitatti**	[punikki·tatti]
brócoli (m)	**parsakaali**	[parsa·ka:li]
brema (f)	**lahna**	[lahna]
cóctel (m)	**cocktail**	[koktejl]
caballa (f)	**makrilli**	[makrilli]
cacahuete (m)	**maapähkinä**	[ma:pæhkinæ]
café (m)	**kahvi**	[kahʊi]
café (m) con leche	**maitokahvi**	[majto·kahʊi]
café (m) solo	**musta kahvi**	[musta kahʊi]
café (m) soluble	**murukahvi**	[muru·kahʊi]
calabacín (m)	**kesäkurpitsa**	[kesæ·kurpitsa]
calabaza (f)	**kurpitsa**	[kurpitsa]
calamar (m)	**kalmari**	[kalmari]
caldo (m)	**liemi**	[liemi]
caliente (adj)	**kuuma**	[ku:ma]
caloría (f)	**kalori**	[kalori]
camarón (m)	**katkarapu**	[katkarapu]
camarera (f)	**tarjoilijatar**	[tarjoilijatar]
camarero (m)	**tarjoilija**	[tarjoilija]
canela (f)	**kaneli**	[kaneli]
cangrejo (m) de mar	**kuningasrapu**	[kuniŋas·rapu]
capuchino (m)	**cappuccino**	[kaputʃi:no]
caramelo (m)	**karamelli**	[karamelli]
carbohidratos (m pl)	**hiilihydraatit**	[hi:li·hydra:tit]
carne (f)	**liha**	[liɦa]
carne (f) de carnero	**lampaanliha**	[lampa:n·liɦa]
carne (f) de cerdo	**sianliha**	[sian·liɦa]
carne (f) de ternera	**vasikanliha**	[ʊasikan·liɦa]
carne (f) de vaca	**naudanliha**	[naudan·liɦa]
carne (f) picada	**jauheliha**	[jauɦe·liɦa]
carpa (f)	**karppi**	[karppi]
carta (f) de vinos	**viinilista**	[ʊi:ni·lista]
carta (f), menú (m)	**ruokalista**	[ruoka·lista]
caviar (m)	**kaviaari**	[kaʊia:ri]
caza (f) menor	**riista**	[ri:sta]
cebada (f)	**ohra**	[ohra]
cebolla (f)	**sipuli**	[sipuli]
cena (f)	**illallinen**	[illallinen]
centeno (m)	**ruis**	[rujs]
cereales (m pl)	**viljat**	[ʊiljat]
cereales (m pl) integrales	**suurimot**	[su:rimot]
cereza (f)	**linnunkirsikka**	[linnun·kirsikka]
cerveza (f)	**olut**	[olut]
cerveza (f) negra	**tumma olut**	[tumma olut]
cerveza (f) rubia	**vaalea olut**	[ʊa:lea olut]
champaña (f)	**samppanja**	[samppanja]
chicle (m)	**purukumi**	[puru·kumi]

chocolate (m)	suklaa	[suklɑ:]
cilantro (m)	korianteri	[korianteri]
ciruela (f)	luumu	[lu:mu]
clara (f)	valkuainen	[ʋalku·ajnen]
clavo (m)	neilikka	[nejlikkɑ]
coñac (m)	konjakki	[konjakki]
cocido en agua (adj)	keitetty	[kejtetty]
cocina (f)	keittiö	[kejttiø]
col (f)	kaali	[kɑ:li]
col (f) de Bruselas	brysselinkaali	[brysseliŋ·kɑ:li]
coliflor (f)	kukkakaali	[kukkɑ·kɑ:li]
colmenilla (f)	huhtasieni	[huhtɑsieni]
comida (f)	ruoka	[ruokɑ]
comino (m)	kumina	[kuminɑ]
con gas	hiilihappoinen	[hi:li·happojnen]
con hielo	jään kanssa	[jæ:n kanssɑ]
condimento (m)	höyste	[høyste]
conejo (m)	kaniini	[kɑni:ni]
confitura (f)	hillo	[hillo]
confitura (f)	hillo	[hillo]
congelado (adj)	jäädytetty	[jæ:dytetty]
conservas (f pl)	säilyke	[sæjlyke]
copa (f) de vino	viinilasi	[ʋi:ni·lasi]
copos (m pl) de maíz	maissimurot	[majssi·murot]
crema (f) de mantequilla	kreemi	[kre:mi]
crustáceos (m pl)	äyriäiset	[æyriæjset]
cuchara (f)	lusikka	[lusikkɑ]
cuchara (f) de sopa	ruokalusikka	[ruokɑ·lusikkɑ]
cucharilla (f)	teelusikka	[te:lusikkɑ]
cuchillo (m)	veitsi	[ʋejtsi]
cuenta (f)	lasku	[lasku]
dátil (m)	taateli	[tɑ:teli]
de chocolate (adj)	suklaa-	[suklɑ:]
desayuno (m)	aamiainen	[ɑ:miɑjnen]
dieta (f)	dieetti	[die:ti]
eneldo (m)	tilli	[tilli]
ensalada (f)	salaatti	[sɑlɑ:tti]
entremés (m)	alkupala	[alku·pɑlɑ]
espárrago (m)	parsa	[parsɑ]
espagueti (m)	spagetti	[spagetti]
especia (f)	mauste	[mauste]
espiga (f)	tähkä	[tæhkæ]
espinaca (f)	pinaatti	[pinɑ:tti]
esturión (m)	sampi	[sampi]
fletán (m)	pallas	[pallas]
fréjol (m)	pavut	[pɑʋut]
frío (adj)	kylmä	[kylmæ]
frambuesa (f)	vadelma	[ʋadelmɑ]
fresa (f)	mansikka	[mansikkɑ]
fresa (f) silvestre	ahomansikka	[aho·mansikkɑ]
frito (adj)	paistettu	[pajstettu]
fruto (m)	hedelmä	[hedelmæ]

frutos (m pl)	hedelmät	[hedelmæt]
gachas (f pl)	puuro	[pu:ro]
galletas (f pl)	keksit	[keksit]
gallina (f)	kana	[kɑnɑ]
ganso (m)	hanhi	[hɑnhi]
gaseoso (adj)	hiilihappovettä	[hi:li·hɑppouettɑ]
ginebra (f)	gini	[gini]
gofre (m)	vohvelit	[uohuelit]
granada (f)	granaattiomena	[grɑnɑ:tti·omena]
grano (m)	vilja	[uiljɑ]
grasas (f pl)	rasvat	[rɑsuɑt]
grosella (f) espinosa	karviainen	[kɑruiɑjnen]
grosella (f) negra	mustaherukka	[mustɑ·ɦerukkɑ]
grosella (f) roja	punaherukka	[punɑ·ɦerukkɑ]
guarnición (f)	lisäke	[lisæke]
guinda (f)	hapankirsikka	[hɑpɑn·kirsikkɑ]
guisante (m)	herne	[herne]
hígado (m)	maksa	[mɑksɑ]
habas (f pl)	pavut	[pɑuut]
hamburguesa (f)	hampurilainen	[hɑmpurilɑjnen]
harina (f)	jauhot	[jɑuɦot]
helado (m)	jäätelö	[jæ:telø]
hielo (m)	jää	[jæ:]
higo (m)	viikuna	[ui:kunɑ]
hoja (f) de laurel	laakerinlehti	[lɑ:kerin·lehti]
huevo (m)	muna	[munɑ]
huevos (m pl)	munat	[munɑt]
huevos (m pl) fritos	paistettu muna	[pɑjstettu munɑ]
jamón (m)	kinkku	[kiŋkku]
jamón (m) fresco	savustettu kinkku	[sɑuustettu kiŋkku]
jengibre (m)	inkivääri	[iŋkiuæ:ri]
jugo (m) de tomate	tomaattimehu	[tomɑ:tti·mehu]
kiwi (m)	kiivi	[ki:ui]
langosta (f)	langusti	[lɑŋusti]
leche (f)	maito	[mɑjto]
leche (f) condensada	maitotiiviste	[mɑjto·ti:uiste]
lechuga (f)	lehtisalaatti	[lehti·sɑlɑ:tti]
legumbres (f pl)	vihannekset	[uihɑnnekset]
lengua (f)	kieli	[kieli]
lenguado (m)	kampela	[kɑmpelɑ]
lenteja (f)	linssi	[linssi]
licor (m)	likööri	[likø:ri]
limón (m)	sitruuna	[sitru:nɑ]
limonada (f)	limonadi	[limonɑdi]
loncha (f)	viipale	[ui:pɑle]
lucio (m)	hauki	[hɑuki]
lucioperca (f)	kuha	[kuɦɑ]
maíz (m)	maissi	[mɑjssi]
maíz (m)	maissi	[mɑjssi]
macarrones (m pl)	pasta, makaroni	[pɑstɑ], [mɑkɑroni]
mandarina (f)	mandariini	[mɑndɑri:ni]
mango (m)	mango	[mɑŋo]

mantequilla (f)	voi	[ʋoj]
manzana (f)	omena	[omena]
margarina (f)	margariini	[margari:ni]
marinado (adj)	säilötty	[sæjløtty]
mariscos (m pl)	meren antimet	[meren antimet]
matamoscas (m)	kärpässieni	[kærpæssieni]
mayonesa (f)	majoneesi	[majone:si]
melón (m)	meloni	[meloni]
melocotón (m)	persikka	[persikka]
mermelada (f)	marmeladi	[marmeladi]
miel (f)	hunaja	[hunaja]
miga (f)	muru	[muru]
mijo (m)	hirssi	[hirssi]
mini tarta (f)	leivos	[lejʋos]
mondadientes (m)	hammastikku	[hammas·tikku]
mostaza (f)	sinappi	[sinappi]
nabo (m)	nauris	[nauris]
naranja (f)	appelsiini	[appelsi:ni]
nata (f) agria	hapankerma	[hapan·kerma]
nata (f) líquida	kerma	[kerma]
nuez (f)	saksanpähkinä	[saksan·pæhkinæ]
nuez (f) de coco	kookospähkinä	[ko:kos·pæhkinæ]
olivas, aceitunas (f pl)	oliivit	[oli:ʋit]
oronja (f) verde	kavalakärpässieni	[kaʋala·kærpæssieni]
ostra (f)	osteri	[osteri]
pan (m)	leipä	[lejpæ]
papaya (f)	papaija	[papaija]
paprika (f)	paprika	[paprika]
pasas (f pl)	rusina	[rusina]
pasteles (m pl)	konditoriatuotteet	[konditorja·tuotte:t]
paté (m)	patee	[pate:]
patata (f)	peruna	[peruna]
pato (m)	ankka	[aŋkka]
pava (f)	kalkkuna	[kalkkuna]
pedazo (m)	pala, viipale	[pala], [ʋi:pale]
pepino (m)	kurkku	[kurkku]
pera (f)	päärynä	[pæ:rynæ]
perca (f)	ahven	[ahʋen]
perejil (m)	persilja	[persilja]
pescado (m)	kala	[kala]
piña (f)	ananas	[ananas]
piel (f)	kuori	[kuori]
pimienta (f) negra	musta pippuri	[musta pippuri]
pimienta (f) roja	kuuma pippuri	[ku:ma pippuri]
pimiento (m) dulce	paprika	[paprika]
pistachos (m pl)	pistaasi	[pista:si]
pizza (f)	pizza	[pitsa]
platillo (m)	teevati	[te:ʋati]
plato (m)	ruokalaji	[ruoka·laji]
plato (m)	lautanen	[lautanen]
pomelo (m)	greippi	[grejppi]
porción (f)	annos	[annos]

postre (m)	jälkiruoka	[jælki·ruoka]
propina (f)	juomaraha	[juoma·raha]
proteínas (f pl)	proteiinit	[protei:nit]
pudin (m)	vanukas	[vanukas]
puré (m) de patatas	perunasose	[peruna·sose]
queso (m)	juusto	[ju:sto]
rábano (m)	retiisi	[reti:si]
rábano (m) picante	piparjuuri	[pipar·ju:ri]
rúsula (f)	hapero	[hapero]
rebozuelo (m)	keltavahvero	[kelta·vahʋero]
receta (f)	resepti	[resepti]
refresco (m)	virvoitusjuoma	[ʋirʋojtus·juoma]
regusto (m)	sivumaku	[siʋu·maku]
relleno (m)	täyte	[tæyte]
remolacha (f)	punajuuri	[puna·ju:ri]
ron (m)	rommi	[rommi]
sésamo (m)	seesami	[se:sami]
sabor (m)	maku	[maku]
sabroso (adj)	maukas	[maukas]
sacacorchos (m)	korkkiruuvi	[korkki·ru:ʋi]
sal (f)	suola	[suola]
salado (adj)	suolainen	[suolajnen]
salchichón (m)	makkara	[makkara]
salchicha (f)	nakki	[nakki]
salmón (m)	lohi	[lohi]
salmón (m) del Atlántico	merilohi	[meri·lohi]
salsa (f)	kastike	[kastike]
sandía (f)	vesimeloni	[ʋesi·meloni]
sardina (f)	sardiini	[sardi:ni]
seco (adj)	kuivattu	[kujʋattu]
seta (f)	sieni	[sieni]
seta (f) comestible	ruokasieni	[ruoka·sieni]
seta (f) venenosa	myrkkysieni	[myrkky·sieni]
seta calabaza (f)	herkkutatti	[herkkutatti]
siluro (m)	monni	[monni]
sin alcohol	alkoholiton	[alkoholiton]
sin gas	ilman hiilihappoa	[ilman hi:li·happoa]
sopa (f)	keitto	[kejtto]
soya (f)	soija	[soija]
té (m)	tee	[te:]
té (m) negro	musta tee	[musta te:]
té (m) verde	vihreä tee	[ʋihreæ te:]
tallarines (m pl)	nuudeli	[nu:deli]
tarta (f)	kakku	[kakku]
tarta (f)	piirakka	[pi:rakka]
taza (f)	kuppi	[kuppi]
tenedor (m)	haarukka	[ha:rukka]
tiburón (m)	hai	[haj]
tomate (m)	tomaatti	[toma:tti]
tortilla (f) francesa	munakas	[munakas]
trigo (m)	vehnä	[ʋehnæ]
trucha (f)	taimen	[tajmen]

uva (f)	viinirypäleet	[ʋiːni·rypæleːt]
vaso (m)	juomalasi	[juoma·lasi]
vegetariano (adj)	kasvis-	[kasʋis]
vegetariano (m)	kasvissyöjä	[kasʋissyøjæ]
verduras (f pl)	lehtikasvikset	[lehti·kasʋikset]
vermú (m)	vermutti	[ʋermutti]
vinagre (m)	etikka	[etikka]
vino (m)	viini	[ʋiːni]
vino (m) blanco	valkoviini	[ʋalko·ʋiːni]
vino (m) tinto	punaviini	[puna·ʋiːni]
vitamina (f)	vitamiini	[ʋitamiːni]
vodka (m)	votka, vodka	[ʋotka], [ʋodka]
whisky (m)	viski	[ʋiski]
yema (f)	keltuainen	[keltuajnen]
yogur (m)	jogurtti	[jogurtti]
zanahoria (f)	porkkana	[porkkana]
zarzamoras (f pl)	karhunvatukka	[karhun·ʋatukka]
zumo (m) de naranja	appelsiinimehu	[appelsiːni·mehu]
zumo (m) fresco	tuoremehu	[tuore·mehu]
zumo (m), jugo (m)	mehu	[mehu]

Finlandés-Español glosario gastronómico

Finlandés	Pronunciación	Español
äyriäiset	[æyriæjset]	crustáceos (m pl)
aamiainen	[a:miajnen]	desayuno (m)
ahomansikka	[aho·mansikka]	fresa (f) silvestre
ahven	[ahʋen]	perca (f)
alkoholijuomat	[alkoholi·juomat]	bebidas (f pl) alcohólicas
alkoholiton	[alkoholiton]	sin alcohol
alkoholiton juoma	[alkoholiton juoma]	bebida (f) sin alcohol
alkupala	[alku·pala]	entremés (m)
ananas	[ananas]	piña (f)
anis	[anis]	anís (m)
ankerias	[aŋkerias]	anguila (f)
ankka	[aŋkka]	pato (m)
annos	[annos]	porción (f)
aperitiivi	[aperiti:ʋi]	aperitivo (m)
appelsiini	[appelsi:ni]	naranja (f)
appelsiinimehu	[appelsi:ni·mehu]	zumo (m) de naranja
aprikoosi	[apriko:si]	albaricoque (m)
artisokka	[artisokka]	alcachofa (f)
auringonkukkaöljy	[auriŋon·kukka·øljy]	aceite (m) de girasol
avokado	[aʋokado]	aguacate (m)
baari	[ba:ri]	bar (m)
baarimestari	[ba:ri·mestari]	barman (m)
banaani	[bana:ni]	banana (f)
basilika	[basilika]	albahaca (f)
brysselinkaali	[brysseliŋ·ka:li]	col (f) de Bruselas
cappuccino	[kaputʃi:no]	capuchino (m)
cocktail	[koktejl]	cóctel (m)
dieetti	[die:ti]	dieta (f)
etikka	[etikka]	vinagre (m)
gini	[gini]	ginebra (f)
granaattiomena	[grana:tti·omena]	granada (f)
greippi	[grejppi]	pomelo (m)
höyste	[høyste]	condimento (m)
haarukka	[ha:rukka]	tenedor (m)
hai	[haj]	tiburón (m)
hammastikku	[hammas·tikku]	mondadientes (m)
hampurilainen	[hampurilajnen]	hamburguesa (f)
hanhi	[hanhi]	ganso (m)
hapankerma	[hapan·kerma]	nata (f) agria
hapankirsikka	[hapan·kirsikka]	guinda (f)
hapero	[hapero]	rúsula (f)
hasselpähkinä	[hassel·pæhkinæ]	avellana (f)
hauki	[hauki]	lucio (m)
hedelmä	[hedelmæ]	fruto (m)

hedelmät	[hedelmæt]	frutos (m pl)
herkkutatti	[herkkutɑtti]	seta calabaza (f)
herne	[herne]	guisante (m)
hiilihappoinen	[hi:li·hɑppojnen]	con gas
hiilihappovettä	[hi:li·hɑppouetta]	gaseoso (adj)
hiilihydraatit	[hi:li·hydrɑ:tit]	carbohidratos (m pl)
hillo	[hillo]	confitura (f)
hillo	[hillo]	confitura (f)
hirssi	[hirssi]	mijo (m)
huhtasieni	[huhtɑsieni]	colmenilla (f)
hunaja	[hunɑjɑ]	miel (f)
Hyvää ruokahalua!	[hyuæ: ruokɑɦɑluɑ]	¡Que aproveche!
illallinen	[illɑllinen]	cena (f)
ilman hiilihappoa	[ilmɑn hi:li·hɑppoɑ]	sin gas
inkivääri	[iŋkiuæ:ri]	jengibre (m)
jää	[jæ:]	hielo (m)
jäädytetty	[jæ:dytetty]	congelado (adj)
jään kanssa	[jæ:n kɑnssɑ]	con hielo
jäätelö	[jæ:telø]	helado (m)
jälkiruoka	[jælki·ruokɑ]	postre (m)
jauheliha	[jɑuɦe·liɦɑ]	carne (f) picada
jauhot	[jɑuɦot]	harina (f)
jogurtti	[jogurtti]	yogur (m)
juomalasi	[juomɑ·lɑsi]	vaso (m)
juomaraha	[juomɑ·rɑɦɑ]	propina (f)
juomavesi	[juomɑ·uesi]	agua (f) potable
juusto	[ju:sto]	queso (m)
kärpässieni	[kærpæssieni]	matamoscas (m)
kaali	[kɑ:li]	col (f)
kahvi	[kɑhui]	café (m)
kakku	[kɑkku]	tarta (f)
kala	[kɑlɑ]	pescado (m)
kalkkuna	[kɑlkkunɑ]	pava (f)
kalmari	[kɑlmɑri]	calamar (m)
kalori	[kɑlori]	caloría (f)
kampela	[kɑmpelɑ]	lenguado (m)
kana	[kɑnɑ]	gallina (f)
kaneli	[kɑneli]	canela (f)
kaniini	[kɑni:ni]	conejo (m)
karamelli	[kɑrɑmelli]	caramelo (m)
karhunvatukka	[kɑrhun·uɑtukkɑ]	zarzamoras (f pl)
karpalo	[kɑrpɑlo]	arándano (m) agrio
karppi	[kɑrppi]	carpa (f)
karvas	[kɑruɑs]	amargo (adj)
karviainen	[kɑruiɑjnen]	grosella (f) espinosa
kastike	[kɑstike]	salsa (f)
kasviöljy	[kɑsui·øljy]	aceite (m) vegetal
kasvis-	[kɑsuis]	vegetariano (adj)
kasvissyöjä	[kɑsuissyøjæ]	vegetariano (m)
katkarapu	[kɑtkɑrɑpu]	camarón (m)
kaura	[kɑurɑ]	avena (f)
kavalakärpässieni	[kɑuɑlɑ·kærpæssieni]	oronja (f) verde

kaviaari	[kɑʋiɑːri]	caviar (m)
keitetty	[kejtetty]	cocido en agua (adj)
keittiö	[kejttiø]	cocina (f)
keitto	[kejtto]	sopa (f)
keksit	[keksit]	galletas (f pl)
keltavahvero	[keltɑ·ʋɑhʋero]	rebozuelo (m)
keltuainen	[keltuɑjnen]	yema (f)
kerma	[kermɑ]	nata (f) líquida
kesäkurpitsa	[kesæ·kurpitsɑ]	calabacín (m)
kieli	[kieli]	lengua (f)
kiivi	[kiːʋi]	kiwi (m)
kinkku	[kiŋkku]	jamón (m)
kivennäisvesi	[kiʋennæjs·ʋesi]	agua (f) mineral
konditoriatuotteet	[konditorjɑ·tuotteːt]	pasteles (m pl)
konjakki	[konjɑkki]	coñac (m)
kookospähkinä	[koːkos·pæhkinæ]	nuez (f) de coco
korianteri	[koriɑnteri]	cilantro (m)
korkkiruuvi	[korkki·ruːʋi]	sacacorchos (m)
kreemi	[kreːmi]	crema (f) de mantequilla
kuha	[kuhɑ]	lucioperca (f)
kuivattu	[kujʋɑttu]	seco (adj)
kukkakaali	[kukkɑ·kaːli]	coliflor (f)
kumina	[kuminɑ]	comino (m)
kuningasrapu	[kuniŋɑs·rɑpu]	cangrejo (m) de mar
kuori	[kuori]	piel (f)
kuppi	[kuppi]	taza (f)
kurkku	[kurkku]	pepino (m)
kurpitsa	[kurpitsɑ]	calabaza (f)
kuuma	[kuːmɑ]	caliente (adj)
kuuma pippuri	[kuːmɑ pippuri]	pimienta (f) roja
kylmä	[kylmæ]	frío (adj)
laakerinlehti	[lɑːkerin·lehti]	hoja (f) de laurel
lahna	[lɑhnɑ]	brema (f)
lampaanliha	[lɑmpaːn·lihɑ]	carne (f) de carnero
langusti	[lɑŋusti]	langosta (f)
lasku	[lɑsku]	cuenta (f)
lautanen	[lɑutɑnen]	plato (m)
lehmäntatti	[lehmæn·tɑtti]	boleto (m) áspero
lehtikasvikset	[lehti·kɑsʋikset]	verduras (f pl)
lehtisalaatti	[lehti·sɑlɑːtti]	lechuga (f)
leipä	[lejpæ]	pan (m)
leivos	[lejʋos]	mini tarta (f)
liemi	[liemi]	caldo (m)
liha	[lihɑ]	carne (f)
likööri	[likøːri]	licor (m)
limonadi	[limonɑdi]	limonada (f)
linnunkirsikka	[linnun·kirsikkɑ]	cereza (f)
linssi	[linssi]	lenteja (f)
lisäke	[lisæke]	guarnición (f)
lohi	[lohi]	salmón (m)
lounas	[lounɑs]	almuerzo (m)
lusikka	[lusikkɑ]	cuchara (f)

203

luumu	[lu:mu]	ciruela (f)
maapähkinä	[mɑ:pæhkinæ]	cacahuete (m)
maissi	[mɑjssi]	maíz (m)
maissi	[mɑjssi]	maíz (m)
maissimurot	[mɑjssi·murot]	copos (m pl) de maíz
maito	[mɑjto]	leche (f)
maitokahvi	[mɑjto·kɑhʋi]	café (m) con leche
maitotiiviste	[mɑjto·ti:ʋiste]	leche (f) condensada
majoneesi	[mɑjone:si]	mayonesa (f)
makea	[mɑkeɑ]	azucarado, dulce (adj)
makkara	[mɑkkɑrɑ]	salchichón (m)
makrilli	[mɑkrilli]	caballa (f)
maksa	[mɑksɑ]	hígado (m)
maku	[mɑku]	sabor (m)
mandariini	[mɑndɑri:ni]	mandarina (f)
mango	[mɑŋo]	mango (m)
mansikka	[mɑnsikkɑ]	fresa (f)
manteli	[mɑnteli]	almendra (f)
margariini	[mɑrgɑri:ni]	margarina (f)
marja	[mɑrjɑ]	baya (f)
marjat	[mɑrjɑt]	bayas (f pl)
marmeladi	[mɑrmelɑdi]	mermelada (f)
maukas	[mɑukɑs]	sabroso (adj)
mauste	[mɑuste]	especia (f)
mehu	[mehu]	zumo (m), jugo (m)
meloni	[meloni]	melón (m)
meren antimet	[meren ɑntimet]	mariscos (m pl)
merilohi	[meri·lohi]	salmón (m) del Atlántico
monni	[monni]	siluro (m)
muna	[munɑ]	huevo (m)
munakas	[munɑkɑs]	tortilla (f) francesa
munakoiso	[munɑ·kojso]	berenjena (f)
munat	[munɑt]	huevos (m pl)
muru	[muru]	miga (f)
murukahvi	[muru·kɑhʋi]	café (m) soluble
musta kahvi	[mustɑ kɑhʋi]	café (m) solo
musta pippuri	[mustɑ pippuri]	pimienta (f) negra
musta tee	[mustɑ te:]	té (m) negro
mustaherukka	[mustɑ·herukkɑ]	grosella (f) negra
mustikka	[mustikkɑ]	arándano (m)
myrkkysieni	[myrkky·sieni]	seta (f) venenosa
nakki	[nɑkki]	salchicha (f)
naudanliha	[nɑudɑn·lihɑ]	carne (f) de vaca
nauris	[nɑuris]	nabo (m)
neilikka	[nejlikkɑ]	clavo (m)
nuudeli	[nu:deli]	tallarines (m pl)
ohra	[ohrɑ]	cebada (f)
oliiviöljy	[oli:ʋi·øljy]	aceite (m) de oliva
oliivit	[oli:ʋit]	olivas, aceitunas (f pl)
olut	[olut]	cerveza (f)
omena	[omenɑ]	manzana (f)
osteri	[osteri]	ostra (f)

päärynä	[pæ:rynæ]	pera (f)
paistettu	[pɑjstettu]	frito (adj)
paistettu muna	[pɑjstettu munɑ]	huevos (m pl) fritos
pala, viipale	[pɑlɑ], [ʋi:pɑle]	pedazo (m)
pallas	[pɑllɑs]	fletán (m)
papaija	[pɑpɑijɑ]	papaya (f)
paprika	[pɑprikɑ]	pimiento (m) dulce
paprika	[pɑprikɑ]	paprika (f)
parsa	[pɑrsɑ]	espárrago (m)
parsakaali	[pɑrsɑ·kɑ:li]	brócoli (m)
pasta, makaroni	[pɑstɑ], [mɑkɑroni]	macarrones (m pl)
patee	[pɑte:]	paté (m)
pavut	[pɑʋut]	habas (f pl)
pavut	[pɑʋut]	fréjol (m)
pekoni	[pekoni]	beicon (m)
persikka	[persikkɑ]	melocotón (m)
persilja	[persiljɑ]	perejil (m)
peruna	[perunɑ]	patata (f)
perunasose	[perunɑ·sose]	puré (m) de patatas
pihvi	[pihʋi]	bistec (m)
piirakka	[pi:rɑkkɑ]	tarta (f)
pinaatti	[pinɑ:tti]	espinaca (f)
piparjuuri	[pipɑr·ju:ri]	rábano (m) picante
pirtelö	[pirtelø]	batido (m)
pistaasi	[pistɑ:si]	pistachos (m pl)
pizza	[pitsɑ]	pizza (f)
porkkana	[porkkɑnɑ]	zanahoria (f)
proteiinit	[protei:nit]	proteínas (f pl)
pullonavaaja	[pullon·ɑʋɑ:jɑ]	abrebotellas (m)
punaherukka	[punɑ·herukkɑ]	grosella (f) roja
punajuuri	[punɑ·ju:ri]	remolacha (f)
punaviini	[punɑ·ʋi:ni]	vino (m) tinto
punikkitatti	[punikki·tɑtti]	boleto (m) castaño
puolukka	[puolukkɑ]	arándano (m) rojo
purkinavaaja	[purkin·ɑʋɑ:jɑ]	abrelatas (m)
purukumi	[puru·kumi]	chicle (m)
puuro	[pu:ro]	gachas (f pl)
rasvat	[rɑsʋɑt]	grasas (f pl)
resepti	[resepti]	receta (f)
retiisi	[reti:si]	rábano (m)
riisi	[ri:si]	arroz (m)
riista	[ri:stɑ]	caza (f) menor
rommi	[rommi]	ron (m)
ruis	[rujs]	centeno (m)
ruoka	[ruokɑ]	comida (f)
ruokahalu	[ruokɑ·hɑlu]	apetito (m)
ruokalaji	[ruokɑ·lɑji]	plato (m)
ruokalista	[ruokɑ·listɑ]	carta (f), menú (m)
ruokalusikka	[ruokɑ·lusikkɑ]	cuchara (f) de sopa
ruokasieni	[ruokɑ·sieni]	seta (f) comestible
rusina	[rusinɑ]	pasas (f pl)
säilötty	[sæjløtty]	marinado (adj)

säilyke	[sæjlyke]	conservas (f pl)
sahrami	[sɑhrɑmi]	azafrán (m)
saksanpähkinä	[sɑksɑn·pæhkinæ]	nuez (f)
salaatti	[sɑlɑːtti]	ensalada (f)
sampi	[sɑmpi]	esturión (m)
samppanja	[sɑmppɑnjɑ]	champaña (f)
sardiini	[sɑrdiːni]	sardina (f)
savustettu	[sɑʋustettu]	ahumado (adj)
savustettu kinkku	[sɑʋustettu kiŋkku]	jamón (m) fresco
seesami	[seːsɑmi]	sésamo (m)
selleri	[selleri]	apio (m)
sianliha	[siɑn·lihɑ]	carne (f) de cerdo
sieni	[sieni]	seta (f)
silli	[silli]	arenque (m)
sinappi	[sinɑppi]	mostaza (f)
sipuli	[sipuli]	cebolla (f)
sitruuna	[sitruːnɑ]	limón (m)
sivumaku	[siʋu·mɑku]	regusto (m)
soija	[soijɑ]	soya (f)
sokeri	[sokeri]	azúcar (m)
spagetti	[spɑgetti]	espagueti (m)
suklaa	[suklɑː]	chocolate (m)
suklaa-	[suklɑː]	de chocolate (adj)
suola	[suolɑ]	sal (f)
suolainen	[suolɑjnen]	salado (adj)
suurimot	[suːrimot]	cereales (m pl) integrales
tähkä	[tæhkæ]	espiga (f)
täyte	[tæyte]	relleno (m)
taateli	[tɑːteli]	dátil (m)
taimen	[tɑjmen]	trucha (f)
tarjoilija	[tɑrjoilijɑ]	camarero (m)
tarjoilijatar	[tɑrjoilijɑtɑr]	camarera (f)
tattari	[tɑttɑri]	alforfón (m)
tee	[teː]	té (m)
teelusikka	[teːlusikkɑ]	cucharilla (f)
teevati	[teːʋɑti]	platillo (m)
tilli	[tilli]	eneldo (m)
tomaatti	[tomɑːtti]	tomate (m)
tomaattimehu	[tomɑːtti·mehu]	jugo (m) de tomate
tonnikala	[tonnikɑlɑ]	atún (m)
tumma olut	[tummɑ olut]	cerveza (f) negra
tuoremehu	[tuore·mehu]	zumo (m) fresco
turska	[turskɑ]	bacalao (m)
vaalea olut	[ʋɑːleɑ olut]	cerveza (f) rubia
vadelma	[ʋɑdelmɑ]	frambuesa (f)
valkosipuli	[ʋɑlko·sipuli]	ajo (m)
valkoviini	[ʋɑlko·ʋiːni]	vino (m) blanco
valkuainen	[ʋɑlku·ɑjnen]	clara (f)
vanukas	[ʋɑnukɑs]	pudin (m)
vasikanliha	[ʋɑsikɑn·lihɑ]	carne (f) de ternera
vehnä	[ʋehnæ]	trigo (m)
veitsi	[ʋejtsi]	cuchillo (m)

vermutti	[ʋermutti]	vermú (m)
vesi	[ʋesi]	agua (f)
vesimeloni	[ʋesi·meloni]	sandía (f)
vihannekset	[ʋiɦɑnnekset]	legumbres (f pl)
vihreä tee	[ʋihreæ te:]	té (m) verde
viikuna	[ʋi:kunɑ]	higo (m)
viini	[ʋi:ni]	vino (m)
viinilasi	[ʋi:ni·lɑsi]	copa (f) de vino
viinilista	[ʋi:ni·listɑ]	carta (f) de vinos
viinirypäleet	[ʋi:ni·rypæle:t]	uva (f)
viipale	[ʋi:pɑle]	loncha (f)
vilja	[ʋiljɑ]	grano (m)
viljat	[ʋiljɑt]	cereales (m pl)
virvoitusjuoma	[ʋirʋojtus·juomɑ]	refresco (m)
viski	[ʋiski]	whisky (m)
vitamiini	[ʋitɑmi:ni]	vitamina (f)
vohvelit	[ʋohʋelit]	gofre (m)
voi	[ʋoj]	mantequilla (f)
voileipä	[ʋoj·lejpæ]	bocadillo (m)
votka, vodka	[ʋotkɑ], [ʋodkɑ]	vodka (m)